气本与神化

张载哲学述论

杨立华 著

A Study

on

Zhang Zai's

Philosophy

北京大学出版社
PEKING UNIVERSITY PRESS

图书在版编目（CIP）数据

气本与神化：张载哲学述论 / 杨立华著. —北京：北京大学出版社，2024.1

（博雅撷英· 杨立华作品集）

ISBN 978-7-301-34444-6

Ⅰ.①气… Ⅱ.①杨… Ⅲ.①张载（1020—1077）–哲学思想–研究 Ⅳ.① B244.45

中国国家版本馆 CIP 数据核字（2023）第 183091 号

书　　　名	气本与神化：张载哲学述论
	QIBEN YU SHENHUA：ZHANGZAI ZHEXUE SHULUN
著作责任者	杨立华 著
责 任 编 辑	田　炜
标 准 书 号	ISBN 978-7-301-34444-6
出 版 发 行	北京大学出版社
地　　　址	北京市海淀区成府路 205 号　100871
网　　　址	http://www.pup.cn　新浪微博 @ 北京大学出版社
电 子 邮 箱	编辑部 wsz@pup.cn　总编室 zpup@pup.cn
电　　　话	邮购部 010-62752015　发行部 010-62750672
	编辑部 010-62750577
印 刷 者	北京中科印刷有限公司
经 销 者	新华书店

880 毫米 ×1230 毫米　A5　9.375 印张　195 千字

2024 年 1 月第 1 版　2024 年 7 月第 3 次印刷

定　　　价　75.00 元

序

  张载的哲学思想研究，20世纪以来，受到学者的相当重视。胡适于1919年出版的《中国哲学史大纲》（卷上）只写出了先秦部分，故对于宋元明清的道学或理学全未涉及。其实，以胡适当时的思想和心态，他也不太可能对道学或理学的思想有深入的理解。冯友兰先生在1930年代初期完成了《中国哲学史》上下卷，此书得到当时学界的一致好评，认为全面超越了胡书，其原因固然是冯书完整地叙述了先秦至晚清的中国哲学史，更主要的则是，胡适的《中国哲学史大纲》详于文字的考证训诂和历史境况的介绍，对文字所表达的哲学义理体会较浅，而冯书不重文字的训诂考证及相关的历史背景，特重于哲学义理的了解体会。

  冯书下卷在"张横渠及二程"一章中提出，横渠思想从《易》推衍而来，横渠所谓太和，是指包括野马、尘埃在内的气之全体而言；在其散而未聚之状态中，此气即所谓太虚。"吾人所见空若无物之太虚，实非无物，不过气散而未聚耳，无所谓无也。"张岱年先生于1930年代后期写成的《中国哲学大纲》，对横渠之学尤为重视，他认为中国哲学中有唯气的本根论，即以气为万物的本根，横渠乃为此说之集大成者。他主张"张子的宇宙本根论中，最根本的观念有四，即气、太和、太虚、性。太和即阴阳会冲未分之气，太虚即气散而未聚无形可见之原始状态，性即气所固有之能动之本性"。他还指出张子哲学中次根本的观念亦有四，即道、天、易、理，"张子所谓道指存在历程或变化历程，天即太虚之别名，易即道之别名，气之变化屈伸有其规律，是谓理"。张先生对张载哲学主要概念的理解，与冯先生基本一致，而在冯先生《中国哲学史》论述的基础上作了进一步的分析。此外，在冯先生的《中国哲学史》中特别提及张载的"天人合一"思想，张先生的《中国哲学大纲》中也在"天人合一"一章中论述横渠此说，说明两位先生在重视横渠的宇宙论的同时，也未忽视其为学境界。冯先生、张先生30年代对张载哲学的理解和分析，清楚平实，后来得到哲学史学界的广泛认同，其重要原因是，他们的这些阐明，是在学术研究还很少受政治和意识形态影响的境况下做出的研究，是特别值得重视的。

20世纪的大半时间，中国哲学的研究主要以西方哲学的内容和分派为参照，50年代至70年代，从苏联引进的僵化的唯心、唯物二分的哲学史观，凭借政治与意识形态强力推行于学界，引起许多怀疑和不满。这些研究方法和立场对张载研究的影响，除了偏重于强调其自然哲学的唯物主义与辩证法外，主要是忽视了张载是一个儒学思想家、道学思想家，忽视或贬低张载在心性论、功夫论、境界论上对新儒家哲学思想所作的贡献。有幸的是，自1970年代末以来，上述情形已经渐渐改观。一个在宇宙论上主张唯气的本根论、主张气为宇宙根本实在的哲学家，可以同时是道学的思想家和奠基者，这样的看法逐渐为人们所接受，从而，对张载哲学思想的研究开始向着更开放、更丰富的认识发展。冯友兰先生晚年写《中国哲学史新编》第五册，立专章"道学的奠基者张载"便是明显的例子。尽管冯先生仍然肯定张载发挥了唯物主义的有无混一说，但冯先生论述的重点已经转向"张载的《西铭》与人的精神境界""《正蒙》的《大心篇》与为学之方""《正蒙》的《诚明篇》与为学之方"。即使在"发挥唯物主义有无混一说"一节里，冯先生也更突出"太和"的观念，他说："太虚是张载哲学的一个重要范畴，它的意义和重要性张载都讲得很清楚，还有太和这个范畴，其重要性不亚于太虚。《正蒙》的第一条就是讲太和，而不是讲太虚。"冯先生认为"太虚"说的是宇宙的物质结构，"太和"说的是宇宙的正常状态和精神面貌。由于对"太和"的重视，冯先生特别表扬其"仇必和而解"的思想。冯先生还在《新编》的全书总结中再次强调了张载的"太和"观念的重要性。

流行于50—70年代的教条主义的哲学史观虽然没有根本影响对张载哲学的较高评价，但因偏重强调其唯物主义的自然哲学也引发了一些反弹。一方面反理学的研究者始终对于把"唯物主义哲学家"的"桂冠"戴在张载头上感到不安，另一方面新儒家学者也多不能接受把道学思想家张载仅仅视为唯物主义哲学家。从而，这两方面的学者都从张载哲学中多义而费解的"神"的观念入手提出对张载哲学的不同解释。不过，值得注意的是，即使在这一时期，海外学者如陈荣捷、张君劢、劳思光，虽然也反对此种教条主义哲学史观，但并不就因此而改变对张载气本论的论定。

事实上，如果我们从五六十年代的流行模式及其反弹，返回到30年代平实的理解，应该说更接近张载哲学思想的特质。比如张载"太虚即气"的说法，孤立地看此四字，固然可以有不同的理解，但置于其上下文中，其义自见："气之聚散于太虚，犹冰凝释于水，知太虚即气，则无无。""太虚即气"的意义是由前一句"气之聚散于太虚，犹冰凝释于水"和后一句"则无无"所规定了的。故"太虚即气"的意义是指气与太虚的关系犹如冰与水的关系，所谓"气之本体"的意义亦由此冰水之喻可见；而肯定太虚即气，其目的乃是为了彻底在宇宙和人生上反对"无"的虚无主义世界观，强调虚空不是虚无，无形的虚空仍然是气的实在。因此，张载的太虚即气说或虚空即气说所针对的乃是以无为本的世界观，在他看来，为了反对佛道的虚无主义世界观，必先确定宇宙为实有，才能肯定人生、伦理、人性和价值的实有。唯气的宇宙论所针对的主要不是唯心思想，而是虚无主义的宇宙论和世界观。

张载如何既是唯气论的哲学家又同时是道学的创始者，这样的问题在宋明时代是不会提出来的，这是近代以来西洋哲学输入而成为哲学的主导典范的情况下才会产生的发问。这里的问题关联着"哲学"和"中国哲学"在近代以来的理解。在西洋古代和近代的"哲学"的观念里，一个哲学家的宇宙论或本体论往往被视为其哲学思想的根本，并以此确定其哲学的性质及其所属的哲学流派。但是"中国哲学"即中国哲学思想的实际发展中，思想的派别归属与分际并不是主要以其自然哲学为标准，而多是以价值、伦理、人生观，甚至社会思想为分别的标准，宇宙论毋宁是其社会、人生观的论证。自然，这里所说的"中国哲学"并非只是中国思想中合于西方哲学的部分，而是中国古代对天道性命思考的全体及其条理。因此，在中国哲学中，对同一价值体系往往有不同的哲学论证，以回应不同时代的各种挑战，这种中国哲学和西方哲学不同的结构特色在旧有的范式下是无法了解和确定的。以往发生的讨论，如讲阴阳刚柔的《易传》是否为道家，气本论的张载是否为道学，主气的罗钦顺是否为朱子学，重气的刘宗周是否为心学，都与这一问题的混淆有关。在中国哲学思想的本来脉络中，自成其条理，所谓儒家、道家、道学、理学、心学，都是其本然的条理分别，而不是西方哲学意义上的流派划分。全面了解气论与儒学的关系，仍然是一个值得深究的课题。

关于气论哲学本身，近二十年来，由于我们厌倦了单纯以唯物主义了解气论的范式，于是气论的研究渐渐衰弱，这其实也是片面的，我们需要新的研究范式和哲学视野复兴对气论哲学的宏观与微观研究。

以上所说，是借此机会，简略地谈谈我对张载哲学研究的一点个人认识。立华自博士毕业至今，已经十年，他自留校工作以后，即转向北宋儒学的研究，他在撰写北宋儒学史外，尤用心于张载的研究。在这十年中，他的学问用功，可谓中西兼修，在现代西方哲学原著精读方面颇下了一番功夫，在哲学分析的深细度上有了明显提高。从立华此书可见，他的研究以文本的细读和正解为基础，着力于哲学概念的分析，颇见哲学分析的深度；而他对张载哲学的分析又和对价值的关注联接在一起，与他对北宋儒学复兴的理解相互联通。我读过书稿之后，感到此书态度平正，其讨论多能深入于以往学界不太注意的概念，时有心得，而不轻与前辈雷同，是我国张载哲学研究的一个新成果，很值得向读者推荐。我相信，读者读过此书之后，对其文本分析的精细，思想观照的多面性，论述的理论素养，必皆有深刻的印象。我也期待立华在此项研究的基础上，在中国哲学研究领域做出更多更好的成果。

陈　来

2008 年 5 月 1 日于北京

目　录

导　论

北宋王朝的建立，终于结束了晚唐以来将近一个世纪的乱局。在劫余的残烬中，颓弊已极的中国文化竟能在短时间内重放异彩，堪称文化史上的奇迹。在论及中国文化的演进历程时，陈寅恪先生说："华夏民族之文化，历数千载之演进，造极于赵宋之世。"[①] 而这一文化和精神高度就体现在北宋的儒学复兴运动当中。究竟是什么原因，凝塑出北宋的士大夫精神以及以此精神高度为基础的精神绽开，是值得深思的。

一　北宋立国基础中的畏与忧

对于北宋文化兴起的原因，邓广铭先生归结为如下四点：

---

① 　陈寅恪：《邓广铭〈宋史职官志考证〉序》，《金明馆丛稿二编》，上海古籍出版社，1980 年 10 月，第 245 页。

其一，是经济的因素，"士族地主势力之消逝，庶族地主之繁兴，以及与此密切相关的农业生产的大发展，交通运输工具的日益完备，商品经济的日益发达"；其二，是技术的因素，"刻版印书事业之由创始而渐盛行，造纸技术日益普及、提高，这都使得书籍的流通量得以增广扩大。到宋初，大部头的儒书和佛道典籍都能结集刊行，则一般乡塾所用的启蒙通俗读物的大量印行流传自可想见"；其三，是科举制度的影响；其四，则是文化政策的作用，"北宋的最高统治者们没有对文化实行专制主义"。①而北宋文化的兴盛即是这些因素相互作用的结果。

上述外缘性的因素无疑与北宋文化的兴起以及士大夫精神的自觉有密切的关联，但此种外缘性要素要造成某种内在的精神展开，必须以某种一贯的精神趋向为枢纽。换言之，正是某种一以贯之的精神趋向，才使得这些杂多的外缘性要素转化为单质性的力的关系，进而凝塑积淀为内在精神世界的提升以及由此而来的文化和思想成就。

北宋立国的根基是极其薄弱的。王夫之在《宋论》中对此有过深入的讨论："赵氏起家什伍，两世为裨将，与乱世相浮沉，姓字且不闻于人间，况能以惠泽下流系邱民之企慕乎！其

---

① 邓广铭：《宋代文化的高度发展与宋王朝的文化政策》，载《邓广铭治史丛稿》，北京大学出版社，1997 年 6 月，第 66—70 页。

事柴氏也，西征河东，北拒契丹，未尝有一矢之勋；滁关之捷，无当安危，酬以节镇而已逾其分。以德之无积也如彼，而功之仅成也如此，微论汉、唐底定之鸿烈，即以曹操之扫黄巾、诛董卓、出献帝于阽危、夷二袁之僭逆，刘裕之俘姚泓、馘慕容超、诛桓玄、走死卢循以定江介者，百不逮一。乃乘如狂之乱卒控扶以起。弋获大宝，终以保世滋大，而天下胥蒙其安。"①以如此弱势奄有天下，何以遂能结束残唐五代以来的乱局，是宋史开篇就埋下的谜题。

对于这一谜题，王夫之给出了颇具精神史意味的解答：恰恰是由于其无可恃之功德权望，故能始终不失其畏惧之心：

> 乃宋祖则幸非其人矣。以亲，则非李嗣源之为养子，石敬瑭之为爱婿也；以位，则非如石、刘、郭氏之秉钺专征，据岩邑而统重兵也；以权，则非郭氏之篡，柴氏之嗣，内无赞成之谋，外无捍御之劳，如嗣源、敬瑭、知

① 王夫之：《宋论》，中华书局，1964年4月，第1页。《涑水记闻》中有一则笔记，可为太祖根基之弱的佐证："及将北征，京师间谣言：'出军之日，当立点检为天子。'富室或挈家逃匿于外州，独宫中不之知。太祖闻之惧，密以告家人曰：'外间讻讻如此，将若之何？'太祖姊或云即魏国长公主，面如铁色，方在厨，引面杖逐太祖击之，曰：'大丈夫临大事，可否当自决胸怀，乃来家间恐怖妇女何为邪！'太祖默然而出。"宋太祖起家什伍，两世为禅将，上无商、周、汉、唐之功德，下无曹魏、刘宋之篡基，一旦处身危疑之地，其惧可知。

远、威之同起而佐其攘夺也。推而戴之者，不相事使之俦
侣也；统而驭焉者，素不知名之兆民也；所与共理者，旦
秦暮楚之宰辅也；所欲削平者，威望不加之敌国也。一旦
岌岌然立于其上，而有不能终日之势。权不重，故不敢以
兵威劫远人；望不隆，故不敢以诛夷待勋旧；学不夙，故
不敢以智慧轻儒素；恩不洽，故不敢以苛法督吏民。惧以
生慎，慎以生俭，俭以生慈，慈以生和，和以生文。而自
唐光启以来，百年嚣陵噬搏之气，寖衰寖微，以消释于无
形。盛矣哉！①

因畏惧而有所不敢，因有所不敢而慎俭慈和，如此日滋月长，
终将残唐以来百余年的"嚣陵噬搏"之气消于无形。以畏惧之
心为基础的宽容精神，为北宋士大夫提供了一个空前自由的思
想和言论空间。②

　　然而，宽容精神本身并不必然引生出士大夫严毅的精神气
质和自觉的承担意识。有的时候，一种优容的氛围反而会滋生

────────

　　①　《宋论》，第3页。

　　②　顾炎武在论及"宋朝家法"时说："宋世典常不立，政事丛脞，一代之
制，殊不足言。然其过于前人者数事，……不杀大臣及言事官，四也。此皆汉唐
之所不及，故得继世享国至三百余年。"（《日知录》卷十五）"不杀大臣及言事
官"作为誓约被刻石藏于太庙，是宋代帝王世世相承的准则，参见《宋史》卷
三百七十九《曹勋传》。

出浮妄恣肆的士风。① 宋代的"养士"之所以能产生出那样积极
的效果，与宋初科举取士中的精神提点方向有莫大的关联。《宋
会要辑稿·选举》二之二淳化三年（992 年）条有这样的记载：

> 诏赐新及第进士及诸科贡举人《儒行篇》各一轴，令
> 至治所著于壁，以代座右之诫。②

与《大学》《中庸》一样，《儒行篇》也是《礼记》中的篇章。而
《儒行篇》的特质，在儒家典籍中可谓迥出："凡言儒者，多近仁
柔。独《儒行》记十五儒，皆刚毅特立者。"③《儒行篇》对于"虽
危起居，竟信其志""鸷虫攫搏不程勇者，引重鼎不程其力"等
特立自强的气质的格外强调，使其成为砥砺士风的范本。宋太宗
以《儒行篇》赐新及第进士的创举，对于北宋士风的形成产生了
巨大的影响。《宋史·范仲淹传》云："尝推其奉以食四方游士，
诸子至易衣而出，仲淹晏如也。每感激论天下事，奋不顾身。一
时士大夫矫厉尚风节，自仲淹倡之。"④ 这段话里的"易衣而出"，

---

① 魏晋时代的士大夫就是一个典型的例子。那个时代的士阶层，几乎掌握
了所有的社会优势。但这种优裕的环境，非但没有培养出士大夫的承担意识，反
而助长了当时虚浮的士风。

② 转引自余英时：《朱熹的历史世界》，第 87 页。

③ 章太炎：《訄书重订本》，《章太炎全集》第三册，上海人民出版社，1984
年 7 月，第 140 页。

④ 《宋史》，中华书局，1985 年 6 月，第 10267—10268 页。

便是出自《儒行篇》。作为北宋士大夫精神的集中体现，范仲淹的立身行事中处处可以看到《儒行篇》的深刻影响。

北宋士大夫所特有的严毅的精神气质和自觉的承担意识，凝聚为无往而不在的"忧"世情怀。而正是这一根本的精神趣向，引领北宋士大夫深入其所处时代的真实历史处境当中，将各种现实的力的冲突熔锻成为饱满的文化和精神成就。事实上，在所有的精神方向上，我们都能触摸到这一根本的精神趣向的印迹：惟其忧积弱之时局，故能详于天下国家之利病，而有种种变革的企图和构想；惟其忧道德之不振，故能深于礼俗之兴弊，而对释老的蠹蚀有深刻的醒觉；惟其忧华夷之淆乱，故欲为中国之固有生活方式立一形上学基础；惟其忧价值之沦亡，故欲于六经中找寻重构价值信念的泉源。正是这个"忧"，引领历史主体深入其时代的困境，使得时代的种种有形的困扰实实在在地撞入他们无形的精神世界，并进而凝结为真正的思想和文化上的问题，凝结为种种精神上的创造和积累。

二　历史鉴戒与疑忌之心

北宋的立国基础中的畏惧之心，既是其政治文化中的宽容精神的根源，也成为滋生疑忌之心的土壤。秦以后千余年郡县制国家的历史，使得郡县制国家运作的种种可能性得到了充分的展开。各种权力关系的特性以及其中蕴涵的危险，通过历史叙述凝结为取向迥异的历史记忆。这些历史记忆作为历史鉴戒，在北宋的政治建构中发挥了不可或缺的巨大影响。而畏惧之心则将历史鉴戒中的各种潜在的危险放大为实实在在的威胁，从而使疑忌之心浸透在北宋的种种制度考量当中。如何在各种现实的力量之间构建一种约制和平衡的关系，是北宋立国的政治理念基础。

　　在官僚机构的设置和权力安排上，"以竭力缩小官僚机构和官员的权力"为特征。这首先体现为对宰相分权的制度设置。宰相不再具有前代那样无所不统的威权："掌管军事的枢密院，在政权机构中的地位大大提高，它和掌管政务的中书省'对掌大政'，号称'二府'。财政权归于三司，宰相亦不得干预。就是剩有的事权，亦往往设几个宰相和参知政事（副相）共同执掌。"① 其次体现在地方权力的制衡当中。比如通判的设置，即在于分地方长吏之权。在军事方面，鉴于唐代藩镇制度的教训，北宋制定了"内外相维"的制衡政策：将全部兵力配备于京畿和其他各地，各占二分之一，"使京师之兵足以制诸道，则无外乱；合诸道之兵足以当京师，则无内变。内外相制，无偏重之患"② 。而对于统兵的将帅，也有种种限制：首先，设马、

---

① 漆侠:《王安石变法》，河北人民出版社，2001年9月，第15页。
② 《续资治通鉴长编》，中华书局，1992年3月，第7883页。

步、殿前三个都指挥使分掌禁军；其次，发兵之权统归枢密院掌管，从而使调兵权与统兵权分离；再次，统兵将帅无独力指挥军事之权，无擅自处置部将之权，甚至不得收养亲兵以为"腹心"。①这些制度上的创设，对于结束残唐五代篡乱相仍的扰攘局面、维持国家的内部稳定发挥了重要的作用。但也有其负面的影响，比如在地方和中央行政中各种职权之间的相互掣肘、军事指挥上的协调性和机动性的缺失等等。这些负面的影响，随着北宋王朝立国日久而渐成积弊。②

而在各种权力制衡的关系当中，宰相与台谏的对立对于北宋士风产生了至为关键的影响。王夫之在《宋论》中对此有这样一段议论：

> 宰相之用舍听之天子，谏官之予夺听之宰相，天子之得失则举而听之谏官；环相为治，而言乃为功。谏官者，以绳纠天子，而非以绳纠宰相者也。……仁宗诏宰相毋得进用台官，非中丞知杂保荐者毋得除授，曰："使宰相自用台官，则宰相过失无敢言者"。……自仁宗之为此制也，

---

① 参见漆侠：《王安石变法》，第15—17页。

② 当然，职责界划的不明确，也有其积极的意义。正因为职责不清，所以就需要有一部分士大夫充分调动其主体性和能动性，以确保国家机器的正常运转。这无疑对北宋士大夫的精神自觉产生了积极的影响。

宰执与台谏分为敌垒，以交战于廷。台谏持宰执之短长，
以鸷击为风采，因之廷叱大臣以辱朝廷，而大臣乃不惜廉
隅，交弹而不退。①

据《续资治通鉴长编》，"仁宗诏宰相毋得进用台官"是在明道
二年（1033 年）。至景祐三年（1036 年），范仲淹即因批评时
相吕夷简被遣，朋党之论随之而兴。② 仁宗的这一创制，与朋
党的兴起之间的关联是显见的。而如所周知，朋党问题实为北
宋历史的枢纽。

　　由于谏官的职责从规约天子转变为绳纠宰相，台谏的批评
风格也由此发生了深刻的改变。以帝王为对象的批评，无论如
何激烈，总要有所隐讳；而针对宰执的抨击，则可以倾尽直
言。随着这一批评风格的变化，朝政和人事上的异见便极为轻
易地与道德上的善恶关联起来。宋代政治话语中盛行的君子小

---

　　①　王夫之：《宋论》，第 90—92 页。
　　②　关于范仲淹此次落职的原因，《续资治通鉴长编》云："仲淹言事无所避，
大臣权幸多忌恶之。时吕夷简执政，进者往往出其门。仲淹言：'官人之法，人主
当知其迟速、升降之序，其进退近臣，不宜全委宰相。'又上《百官图》，指其次
第，曰：'如此为序迁，如此为不次；如此则公，如此则私，不可不察也。'夷简
滋不悦……夷简大怒，以仲淹语辨于帝前，且诉仲淹越职言事，荐引朋党，离间
君臣。仲淹亦交章对诉，辞愈切，由是降黜。"（卷一百一十八）考范仲淹明道二
年以前的论奏，其锋芒往往指向帝后，而此后的奏议率多针对宰执，从中可以略
见谏官职责内涵的深刻变化。

人之辨，也就根源于此。忠直之士对于宰相的批评，因其全无利欲之心而更易趋于极端，士大夫之间因党争而形成的壁垒由此而日益森严起来，从而使富有弹性的政治空间荡然无存。

三　变法与党争

范仲淹发起的庆历新政，往往被视为王安石熙宁变法的先声。[①] 而事实上，二者之间是有着本质区别的。

在变革的根本目标和方向上，庆历新政仅仅是以校正时弊为目标，这与熙宁变法回复三代的宗旨是迥乎不同的。[②] 与此

---

① 王夫之甚至认为"熙、丰、绍圣之纷纭"就是由范仲淹开启的。参见《宋论》，第96页。

② 一般以为，庆历新政的失败在于触动了士大夫群体的特有权力，因此引起了"绝大的反动"。参见钱穆：《国史大纲》（下），商务印书馆，1996年6月，第565页。而事实上，导致庆历新政在那么短的时间内就彻底失败的直接原因，恐怕还在于仁宗态度的改变。这一态度的改变，又与范仲淹意图改变宋代的官制，从而触及了北宋的家法有关。据《宋史·范仲淹传》载，范仲淹在《答手诏条陈十事》疏之外，又建言曰："周制，三公分兼六官之职，汉以三公分部六卿，唐以宰相分判六曹。今中书，古天冢宰也，枢密院，古夏官司马也；四官散于群有司，无三公兼领之重。而二府惟进拟差除，循资级，议赏罚，检用条例而已。上非三公论道之任，下无六卿佐王之职，非治法也。臣请仿前代，以三司、司农、审官、流内铨、三班院、国子监、太常、刑部、审刑、大理、群牧、殿前马步军司，各委辅臣兼判其事。凡官吏黜陟、刑法重轻、事有利害者，并从辅臣予夺；其体大者，二府佥议奏裁。"（《宋史》，第10274—10275页）这一建议与北宋权力制衡的基本原则相违背，从而将"朋党"之议的严重性放大到了仁宗无法漠视的程度。

相关联，作为变革的倡导者，范仲淹和王安石的自我期许和自我理解也有质的不同。尽管作为北宋士大夫精神自觉的代表，范仲淹身上凝聚起了有别于前代的新的政治人格，但其立身行事的准则仍是以汉唐以降的名臣为依归的。这一点，在其所著《唐狄梁公碑》一文中有着集中的体现。[①] 换言之，如何成为传统意义上的"大臣"，是范仲淹的真正理想。而王安石则是要从根本上超越秦汉以来的政治格局。因此，对于神宗"唐太宗必得魏徵、刘备必得诸葛亮，然后可以有为，二子诚不世出之人也"的说法，王安石颇不以为然："陛下诚能为尧、舜，则必有皋、夔、稷、卨；诚能为高宗，则必有傅说。彼二子皆有道者所羞，何足道哉！"[②] 由此可见，王安石的理想在于"圣臣"而非"大臣"。

而在与变革相关的政治派分的问题上，庆历时期的"朋党"也迥异于熙宁时期的党争。庆历时期以范仲淹、韩琦、富弼和欧阳修为核心的"朋党"，其内在的凝聚力源于道德人格的感召。而围绕熙宁变法的党争，则完全以政治趋向为分派的标准和内聚力的来源。在这一时期，余英时教授在《朱熹的历史世界》里着重引出的"国是"问题[③] 成为党争的枢纽。这使得熙

---

① 《全宋文》第十册，第9页。

② 《宋史》，第10543页。

③ 余英时：《朱熹的历史世界》，生活·读书·新知三联书店，2004年8月，第252—268页。

宁时期的党争，更多地具备了现代政党政治的某些特征。而之所以会产生这一重要的变化，其根本原因仍在于北宋立国理念中的分权和制衡原则。按《续资治通鉴长编》熙宁三年（1070年）夏四月壬午条载：

> 壬午，宋敏求罢知制诰，以上批敏求"文字荒疏，旷其职业，不能者止，于义可从"也。于是王安石曰："敏求草吕公著制，臣谕圣旨，令明著罪状，反用曾公亮语，止云'援据匪宜'而已，此是自违圣旨，已幸朝廷不问，乃更辞职。"上乃令从敏求请罢职。及呈敏求诰词，上又令因著其前者失职之罪。曾公亮以为无罪可著。上曰："令作公著诰辞，初不依旨明言罪状，乃宣言于外，以为朝廷改诰词须当乞免知制诰。改诰词亦常事，何致如此？此乃挟奸，见朝廷前者不加罪，故今敢如此尔。"安石曰："敏求作公著诰词，曾公亮虽云'但言援据失宜'，而臣即谕圣旨，令明著罪状。敏求不用臣所谕旨，而从公亮之言，此岂得无罪？"公亮曰："舍人是中书属官，止合听宰相处分。"安石曰："舍人乃行圣旨，岂是行宰相处分？"①

---

① 《续资治通鉴长编》，第5105—5106页。

熙宁三年（1070 年）四月，王安石仍是以参知政事即副相的身份主持变法。因北宋的分权制衡的原则，那些本已在相权之外的职能部门，如三司、御史等，自然成为反对新法的重镇。而宰相属官，如中书舍人，也因为职权所在而拒绝为王安石所用。上引宋敏求罢知制诰，就是此种制度性阻力的典型例证。在这种情况下，如何从根本上克服此种制度性阻力，也就成了变法可否推行的关键所在。对此，王安石试图从制度和人事这两方面着手加以解决。在制度上，制置三司条例司的设置，使得与新法有关的政令有了超越各职能机制囿限的可能。而在人事上，则尽量在可能对新法的推行构成阻碍的职位上安插与自己的政策取向相近的士人。这样一来，政策的取向也就成了新党的内聚力的源泉。

四　《左传》与《周官》

历史视野的分化，可以说是理解熙宁变法中的党争问题的一把钥匙。而这与北宋经学的脉络有着密不可分的关联。

苏辙《春秋集解引》有这样一段耐人寻味的话：

予少而治《春秋》。时人多师孙明复，谓孔子作《春秋》略尽一时之事，不复信史，故尽弃三传，无所复取。

予以为左丘明，鲁史也。孔子本所据依以作《春秋》，故事必以丘明为本。杜预有言："丘明授经于仲尼。身为国史，躬览载籍。其文缓，其旨远，将令学者原始要终，寻其枝叶，究其所穷。优而柔之，使自求之；餍而饫之，使自趋之。若江海之浸，膏泽之润，涣然冰释，怡然理顺。"斯言得之矣。……王介甫以宰相解经，行之于世。至《春秋》，漫不能通，则诋以为"断烂朝报"，使天下士不得复学。呜呼！孔子之遗言而凌灭至此，非独介甫之妄，亦诸儒讲解不明之过也。故予始自熙宁谪居高安，览诸家之说而裁之以义，为《集解》十二卷。①

在这段论述中，值得注意的有如下两点：其一，苏辙的《春秋》学是以《左传》为根本的；其二，他的注解是以孙复和王安石对《春秋》一书的理解为批判对象的。

王安石以《春秋》为"断烂朝报"一事，源于熙宁四年（1071年）二月的科举改制："神宗熙宁四年二月丁巳，更定科举法，从王安石议，罢诗赋及明经诸科，专以经义论策试士。王安石又谓：'孔子作《春秋》，实垂世立教之大典。当时游、夏不能赞一词。自经秦火，煨烬无存。汉求遗书，而一时儒者附会以邀厚

---

① 《苏氏春秋集解》，《四库全书》本。

赏。自今观之，一如断烂朝报，决非仲尼之笔也。《仪礼》亦然。请自今经筵毋以进讲，学校毋以设官，贡举毋以取士。'从之。"①表面上，王安石否定的仅仅是在他看来业经汉代儒者附会的《春秋》；而实际上，此种对《春秋》的否定其实是其深层的历史观的真实表露：三代以下的历史实际上是价值缺失的历史。而无论是为政还是治学，都只能通过超越这一仅具负面价值的历史才能回复到三代的高度上。在王安石看来，成周的制度见于载籍的，"莫具于《周官》之书"②。有趣的是，与王安石对立的旧党中人，大都学宗《左传》。《宋史·司马光传》云："光生七岁，凛然如成人，闻讲《左氏春秋》，爱之，退为家人讲，即了其大指。"③韩琦《五兄著作墓志铭》："太师第五子讳璩，字子徽，于琦同母兄也……兄少负隽气，聪颖过人，每读书必泯绝外虑，虽左右嚣然，如不闻。以是经史百家之言，一览即能诵记。尤通《左氏春秋》。"④文彦博《赠清河先生序》亦云："天圣初，某始到都下，接诸公游，首得清河君以文相会，以道相合，行藏游息，相得甚欢……今予之季弟彦伯又得师事君……以是群弟子尝请于先生，

---

① 《宋史纪事本末》卷九，《四库全书》本。"断烂朝报"一段，《续资治通鉴长编》中未载。

② 《周官新义序》，《四库全书》本。

③ 《宋史》，第 10757 页。

④ 《安阳集》卷四十六，《四库全书》本。

愿闻讲习。始则讲《大戴礼》，终则讲《左氏春秋》。"[1] 联系前面苏辙对《左传》的强调，我们可以隐约地看到旧党的保守主义立场与此一经学根柢之间的关联。

以《左氏春秋》为根基的保守主义立场，其实质可以归结为一种历史主义的政治哲学取向：所有的政治可能性都已经在既有的历史当中被充分地实现了，因此，任何一种创造新历史的企图都将是徒劳的，即使这一企图以回复三代之治为标榜。司马光《与王介甫书》中有这样一段议论：

> 自古圣贤所以治国者，不过使百官各称其职，委任而责成功也。其所以养民者，不过轻租税、薄赋敛，已逋责也。介甫以为此皆腐儒之常谈，不足为思，得古人所未尝为者而为之。[2]

在司马光看来，治理国家的首要目标在于防止天下陷于无序和混乱，而非再现历史上偶然出现过的那些理想的治世。对于任何时代，要建构和维持一种可以接受的秩序都是十分艰难的事

---

[1]　文彦博：《潞公文集》卷十一，《四库全书》本。

[2]　《全宋文》第二十八册，第 371 页。

情，只有依靠审慎和勤俭，才能远离乱亡的威胁。① 正是在这样一种理念下，如何从历史经验中找寻失败的教训而非成功的范例，才成为司马光历史写作的内在动力。

在苏辙看来，孙复"尽弃三传"的春秋学姿态，也蕴涵着极大危险。孙复的《春秋尊王发微》"上祖陆淳而下开胡安国，谓《春秋》有贬无褒，大抵以深刻为主"②。正是在这样一种经学的态度下，以三代以下的历史为价值缺失的历史这样一种历史观才有了经典上的依据。这里，苏辙敏锐地觉察到了孙复与王安石之间的某种关联。当然，这并不意味着王安石的历史观直接导源于孙复。真正受孙复历史观影响甚深的还是北宋的道学群体。一方面，在历史评价上，道学家往往"喜为苛议"。如伊川对魏徵的评价。③ 另一方面，在根本的历史观上，他们大都持一种反历史主义的立场。比如张载有"观书且勿观史"的议论。④ 而程颐"每读史到一半，便掩卷思量，料其成败，然后却看有不合处，

---

① 关于司马光的保守主义政治理念，参见 Xiaobin Ji, *Politics and Conservatism in Northern Song China: The Career and Thought of Sima Guang* (*1019—1086*), Hong Kong: Chinese University Press, 2005。

② 《四库全书总目提要》，第 214 页。

③ 《程氏遗书》卷二上载："君实修《资治通鉴》，至唐事。正叔问曰：'敢与太宗、肃宗正篡名乎？'曰：'然。'又曰：'敢辩魏徵之罪乎？'曰：'何罪？''魏徵事皇太子，太子死，遂忘戴天之仇而反事之，此王法所当诛。后世特以其后来立朝风节而掩其罪。有善有恶，安得相掩？'"（《二程集》，第 19 页）

④ 《经学理窟·义理》，《张载集》，中华书局，1978 年 8 月，第 276 页。

又更精思，其间多有幸而成，不幸而败"①。在二程和张载等人看来，真实的历史进程并不必然地与天理的实现相一致。历史的偶然性往往成为左右成败的关键。阅读史书，真正值得关注的不是具体的事件，而是其中蕴涵的"治乱安危兴废存亡之理"②。而既然真实的历史进程可以背离天理，这就意味着也可能存在长时间的道或天理在历史中的缺席。而这样的观念，其实正是后来朱子与陈亮就汉唐评价等问题辩论时所强调的。③

除历史视野相近以外，在对《周礼》一书的价值的看法上，二程也与王安石基本相同。④所以，尽管在变法的具体措施上，二程对王安石批评较多。但从根本的理念看，他们对于变法的态度与司马光等人是有着本质区别的。

五　风俗与道德

余英时教授在《朱熹的历史世界》一书中，着重突显了北

---

①　《二程集》，中华书局，1981年7月，第258页。

②　同上书，第232页。

③　参见田浩：《功利主义儒家：陈亮对朱熹的挑战》，姜长苏译，江苏人民出版社，1997年7月。

④　张载说："《周礼》是的当之书。"（《张载集》，第248页）而程颐在回答"《周礼》之书有讹缺否"的疑问时说："（讹误）甚多。周公致治之大法，亦在其中。"（《二程集》，第230页）

宋道学兴起的种种因缘中佛学和王安石思想的作用。

关于佛学的影响，余英时主要从其对《中庸》的内圣理路的发掘和阐扬入手。在余英时看来，智圆、契嵩等人关于《中庸》的论说，开创了一个"特殊的'谈辩境域'（Discourse）"。而这一"谈辩境域"经由沙门的士大夫化而辗转为儒家所承接。单就《中庸》的解释史看，这种论说自有其真实的价值。但若据此以为道学的内圣维度源出于释氏，则显非的论。事实上，《中庸》在北宋儒学的展开当中，虽然有其重要的作用，但远非根源性的典籍。在北宋中前期，真正对儒学的深化和发展起到了至关重要的作用的经典，其实是《易》与《春秋》。而起到了奠基性作用的，则是胡瑗的《周易口义》和孙复的《春秋尊王发微》。二程和张载的哲学，虽然都与对《中庸》的阅读和发阐有关，但真正对其哲学建构发挥了结构性作用的经典显然是《易经》和《易传》。①

对于王安石思想的影响，余英时给出了这样的历史梳理：

初期儒学的关怀大体偏重在政治秩序方面，对于"道

---

① 这从张载的成学经历，可以清楚地看到："公（范仲淹）……因劝读《中庸》。先生读其书，虽爱之，犹未以为足也，于是又访诸释老之书，累年尽究其说，知无所得，反而求之'六经'。"（《横渠先生行状》，《张载集》，第381页）显然，"六经"才是张载哲学的根柢。而其中，《易》的影响尤为显著。

德性命"之说则测涉未深；易言之，"外王"为当务之亟，"内圣"可且从缓。但至迟在改革运动的高潮时期，"内圣"和"外王"必须兼备的意识已出现了，王安石便是一个最典型的例子。他以"道德性命"之说打动神宗，这是他的"内圣"之学；他以《周官新义》为建立新秩序的根据，这是他的"外王"理想。道学的创建人如张载、二程与王安石属于同一时期，就响应古文运动领袖重建秩序的号召而言，他们与安石无异。但王氏"内圣外王"系统的完成与流传毕竟抢先了一步，这便成为道学家观摩与批评的对象。所以从儒学的整体发展说，"新学"超越了古文运动，而道学也超越了"新学"，确是一层转进一层。①

在余英时看来，王安石的"内圣外王"的系统的建立和流传不仅在时间上早于道学的建立，而且在影响上也非后者所能比拟。而且，这一以"内圣"支持"外王"的理路，对于道学系统的建构具有典范意义。而事实上，二程道学思想与王安石思想形成时间的先后，并不像余英时论述的那样简单。王安石早年最负盛名的著作是《淮南杂说》。时人以之比拟《孟子》。此书南宋时已经散佚。关于《淮南杂说》的写作年代，有两种可

---

① 余英时：《朱熹的历史世界》，第45—46页。

能：其一是写于庆历二年至五年（1042—1045 年）王安石任淮南签书判官之时；另一种可能是撰于皇祐三年至五年（1051—1053 年）舒州通判任上。余英时以为作于庆历年间。① 而漆侠则认为"完成于通判任上（即皇祐三年至五年）似更稳妥一些"②。据马永卿《元城语录》载："金陵（指王安石）在侍从时，与老先生（指司马光）极相好。当时《淮南杂说》行乎时，天下推尊之，以比《孟子》。"③ 而王安石与司马光"同为侍从"的时间，是在嘉祐六年至七年（1061—1062 年）。这一时间与陆佃《陶山集》中的史料正可相互印证："［嘉祐、治平间］淮之南，学士大夫宗安定先生（胡瑗）之学，予独疑焉。及得荆公《淮南杂说》与其《洪范传》，心独谓然，于是愿扫临川先生之门。"④ 可见王安石的《淮南杂说》在嘉祐后期虽已流传颇广，但其实际影响还是无法同胡瑗相比。由此可以推知，其刻板印行的时间还并不太长。若庆历年间其为淮南签判之时已撰成此书，则至嘉祐后期，此书之传布已近二十年，以王安石文风之感召力，其影响应当不会在胡瑗之下。因此，在《淮南杂说》

---

① 　余英时：《朱熹的历史世界》，第 125 页。邓广铭也持相同的观点。参见邓广铭：《邓广铭治史丛稿》，北京大学出版社，1997 年 6 月，第 178 页。

② 　漆侠：《宋学的发展和演变》，河北人民出版社，2002 年 10 月，第 319 页。

③ 　马永卿：《元城语录》卷上，《四库全书》本。

④ 　陆佃：《陶山集》卷十五，《傅府君墓志》，《四库全书》本。

的撰成时间上，还是漆侠的意见更有说服力。《淮南杂说》既完
成于皇祐年间，至嘉祐初（1056 年），其影响的范围应极为有
限。而从二程的成学历程看，明道在嘉祐初与张载初见时，其
思想已基本成熟。①而余英时所说的"内圣"与"外王"相表
里的理路，则早在皇祐二年（1050 年）程颐《上仁宗皇帝书》
中已有了系统而成熟的表述。此书远早于王安石的《上仁宗皇
帝言事书》（撰于嘉祐三年，即 1058 年）。

通过上述讨论，我们可以大概推知，二程、张载等人思想
的形成，与王安石之学并无显见的关联。在思想史上，二者也
并不构成一个线性的深化和演进的发展过程。实际上，关洛之
学与王安石新学是共同根植于北宋中前期的古文运动和儒学复
兴运动的两条趋向迥异的思想路径。换言之，虽然同为"内圣"
与"外王"兼顾的思想系统，但无论在思想的结构和宗旨上，
二者之间都存在着本质的不同。

王安石的思想虽然也以淳厚风俗为归旨，但其达成此目的
的方法主要是从政治和权力入手：

> 顾内则不能无以社稷为忧，外则不能无惧于夷狄，天下

---

① 程颢的哲学名篇《定性书》，即作于嘉祐四年前后。详细考证，参见本书
第一章。

之财力日以困穷，而风俗日以衰坏，四方有志之士，謵謵然常恐天下之久不安。此其故何也？患在不知法度故也。①

虽然王安石也强调"徒法不能以自行"（《孟子·离娄上》），但对于人才的"教之、养之、取之、任之"之道，仍以法度之建立为根本。这种思想在熙宁变法时的种种施设中，得到了充分的展现。

同样以移易风俗为根本的宗旨，二程与张载的思想取径完全不同。他们更强调士人通过修身，从而最终以道德的影响来改变风俗。程颢《请修学校尊师儒取士札子》云：

臣伏谓：治天下以正风俗、得贤才为本。宋兴百余年，而教化未大醇，人情未尽美，士人微谦退之节，乡闾无廉耻之行，刑虽繁而奸不止，官虽冗而材不足者，此盖学校之不修，师儒之不尊，无以风劝养励之使然耳。……其高蹈之士，朝廷当厚礼延聘，其余命州县敦遣，萃于京师，馆之宽闲之宇，丰其廪饩，恤其家之有无，以大臣之贤典领其事，俾群儒朝夕相与讲明正学。其道必本于人伦，明乎物理；其教自小学洒扫应对以往，修其孝悌忠信，周旋礼乐；其所以诱掖激厉渐摩成就之道，皆有节序，其要在于择善修身，至于化成天下，自乡人而可至于圣人之道。①

"正风俗"的根本在于士大夫通过孝悌忠信、择善修身，从而以道德的感召力来"化成天下"。严格说来，这才是真正意义上由"内圣"开出"外王"的取径。这里，儒学的倡明无疑是化导风俗的前提和根本。也正因为这个原因，如何排抑释老才成了道学传统的核心课题。而从根本上克服二氏的消极影响，只有通过儒家生活方式之形上学基础的重建才能实现。这正是二程和张载致思的重心所在，同时，也是其哲学的意义所在。

---

① 《二程集》，第448页。

第一章　传　略

一　生　平

张载（1020—1077年），字子厚，世居大梁（今河南开封）。幼时因父亲卒于涪州任上，而家贫无力归里，遂与弟张戬侨居凤翔郿县横渠镇。因久居横渠镇讲学，世人尊其为横渠先生。

从幼年起，张载就有卓尔不群的志气。少年时无所不学，尤喜谈兵，"至欲结客取洮西之地"。年二十一，上书谒见时任陕西经略安抚副使的范仲淹。[①]范仲淹以儒者之名教相责，劝其读《中庸》。这一经历，对于张载的自我理解产生了深刻的影响。此后，张载在为学上经历了"访诸释老""反而求之'六经'"的过程。在这一过程中，张载已经开始逐步建立起自己的为学大旨。《程氏外书》记有尹焞这样一段话："横渠昔

---

　　①　张载谒见范仲淹时的年龄，有两种不同的说法：吕大临《行状》作"年十八"，而《宋史·张载传》作"年二十一"。按范仲淹升任陕西都转运使（转下页）

在京师，坐虎皮说《周易》，听从甚众。"① 由此可以看出，张载在见到二程以前，已经有了自己的学术根柢。当然，嘉祐元年与程氏兄弟的相见，对于张载思想的成熟还是产生了重要的作用。②

嘉祐二年（1057年），张载登进士第。③ 先后任祁州司法参军、丹州云岩县令等职。为政以"敦本善俗"为先。

熙宁二年（1069年），因御史中丞吕公著的举荐，张载得以奉召入对。宋神宗问治世之道，张载对以"为政不法三代

（接上页）是在康定元年四月。张载谒见的时间当不会早于此时。故《宋史》"年二十一"的记载应该是准确的。今《张载集·文集佚存》中载有《庆州大顺城记》一文，详细记载了范仲淹筑大顺城的事迹。从行文的格式和语气上看，这篇文章很像是幕客的文字。范仲淹城城是在庆历二年三月，而赐名"大顺"则是当年五月的事情。此时张载已经二十三岁。由此可知，张载在初次谒见之后，仍与范仲淹有一定的交往。或者甚至曾有短时间游于范仲淹幕府的经历。蔡仁厚教授的《宋明理学》和陈俊民教授的《张载哲学与关学学派》在这一点上，都沿承了《行状》的错误。

　　① 《二程集》，第436—437页。

　　② 关于横渠之学是否"源出于程氏"的问题，张岱年先生曾有详细的讨论，参见《关于张载的思想和著作》一文，《张载集》，第13页。程颐曾经说："表叔平生议论，谓颐兄弟有同处则可，若谓学于颐兄弟则无是事"（《二程集》，第415页）。后来程门高弟认为张载曾从学于二程，显然是不符合事实的。但张载思想成熟较晚，在与二程相见之前，还远未完成自己的思想体系的建构。在一些较为重要的学理问题上，他也确曾向二程请教。比如程颢的名篇《定性书》，就是针对张载"定性未能不动，犹累于外物"的问题所作的答复（《二程集》，第460页）。

　　③ 嘉祐二年，欧阳修知贡举。在这一年里，张载、程颢、二苏（苏轼、苏辙）、三曾（曾巩、曾布、曾牟）同时及第。

者，终苟道也"。在政治理想上，这其实也正是王安石新法的目标。然而当王安石欲令其参与新政时，张载却说："朝廷将大有为，天下之士愿与下风。若与人为善，则孰敢不尽？如教玉人追琢，则人亦故有不能。"[①]这其实是在批评王安石不能取人之善，在变法这样重大的问题上一味地"果于自用"[②]。在当时新政已开始颇受非议的气氛下，张载这样率直的态度，是很难为王安石接受的。因此，二人之间"所语多不合"的结果，并非完全出自立场和观点的不同。授崇文院校书，复命案狱浙东。熙宁三年（1070年）返朝。此时其弟张戬因反对新政，已被贬为司竹监。张载亦去职，回到横渠镇故居。

横渠镇偏远僻陋，张载在那里的生活是相当寒素的。[③]退

---

① 吕大临：《行状》，《张载集》，第382页。

② 《宋史·王安石传》，《宋史》，第10541页。

③ 《行状》曰："横渠至僻陋，有田数百亩以供岁计，约而能足，人不堪其忧，而先生处之益安"。这里，"人不堪其忧"云云，虽然有修辞的成分，但应该也是实际情况的真实反映。程颢在谈及古代田制中的"百亩"时，曾说："古者百亩，今四十一亩余，若土地计之，所收似不足以供九人之食"（《二程集》，第55页）。也就是说，"数百亩"用以支撑一个有几十口人的家族，确实是"约而能足"的。漆侠认为："据此而言，所谓'数百亩'云云，至少是三百亩，确切地说，是三百亩以上。……熙宁变法以前，三百亩以上的土地占有者属于一等户（或上三等户、上户），亦即属于占地最多的大地主阶层。"（《宋学的发展和演变》，第411页）对于占地数千亩之多的王安石，漆侠就认为应将其"出身"与其"获得俸禄之后购置的"土地区别开来（《王安石变法》，第332—333页），前后对比，二者间评判标准的不一致何其显见！

居横渠镇的七年时间，是张载思想真正成熟的时期。据《行状》载："（先生）终日危坐一室，左右简编，俯而读，仰而思，有得则识之，或中夜起坐，取烛以书，其志道精思，未始须臾息，亦未尝须臾忘也。"《正蒙》一书，就是在此期间完成的。

熙宁九年（1076 年），由于吕大防的推荐，张载再次奉诏入朝，授知太常礼院。因议礼不合，且有疾在身，熙宁十年（1077 年）遂辞官告归。途中病故，卒年五十八岁。

二　志趣与情性

程颐曾经说过："横渠道尽高，言尽醇，自孟子后儒者，都无他见识。"① 而对于张载的气质，程颐的议论也颇耐寻味：

> 问："横渠之书，有迫切处否？"曰："子厚谨严，才谨严，便有迫切气象，无宽舒之气。"②

以二程与张载交契之深，这一评论无疑是深中肯綮的。然而，张载的谨严并非器局规模上褊狭拘碍的结果，而是其内

---

① 《二程集》，第 196 页。

② 同上。

在的质直、刚毅以及由此而来的致思张力的表征。

对于自己的思想历程，张载在晚年曾有过这样一段恳切深入的自道：

> 某学来三十年，自来作文字说义理无限，其有是者皆只是亿则屡中。譬之穿窬之盗，将窃取室中之物而未知物之所藏处，或探知于外人，或隔墙听人之言，终不能自到，说得皆未是实。观古人之书，如探知于外人，闻朋友之论，如闻隔墙之言，皆未得其门而入，不见宗庙之美，室家之好。比岁方似入至其中，知其中是美是善，不肯复出，天下之议论莫能易此。譬如既凿一穴已有见，又若既至其中却无烛，未能尽室中之有，须索移动方有所见。言移动者，谓逐事要思，譬之昏者观一物必贮目于一，不如明者举目皆见。此某不敢自欺，亦不敢自谦，所言皆实事。学者又譬之知有物而不肯舍去者有之，以为难入不济事而去者有之。[1]

在这一段话里，张载将自己为学三十年来点滴进益的艰辛历程毫无虚饰遮掩地呈现给后学。在他看来，无论是从古人之书中

---

[1]　《经学理窟·自道》,《张载集》, 第 288—289 页。

探求而来，还是得自于朋友之讲论，都非自己的真实洞见。然而，经过近三十年思学并进的努力，到了晚岁张载才觉得自己对于义理有了真正切身的理解和体会。尽管如此，他仍不敢自居"明者"。"逐事要思"和"观一物必贮目于一"，可谓是张载为学工夫的基本要领。这样执着的致思态度，自然有其不够圆融周详的地方，然而却能触及那种"举目皆见"的眼光无从照见的那些紧张、裂隙和张力的关系。因此，张载文字中的"迫切"里，自有一种钝刀割肉的元气淋漓的气象。

张载说自己"平生于公勇，于私怯，于公道有义，真是无所惧"①，这在其一生的立身行事中是有其突出表现的。而对自己过于质直的性格弱点，张载也有深入的了解："某只是太直无隐，凡某人有不善即面举之。"②勇于为公，故鲜有朋党之羽翼；质直无隐，则多致异己之非难。这样的性格，在熙宁变法以后那样营垒分明的政治格局里，是无法立足的。

在横渠镇的晚年岁月里，张载于困顿之中学益力、思益勤。随着义理识见的深入，他对自己的思想的确信，与日俱增。此种确信渐渐滋长为一种身与道一的使命感和天命感：

① 《经学理窟·自道》，《张载集》，第292页。
② 《经学理窟·学大原上》，《张载集》，第282页。

　　某既闻居横渠说此义理，自有横渠未尝如此。如此地又非会众教化之所，或有贤者经过，若此则似系着在此，某虽欲去此，自是未有一道理去得。如诸葛孔明在南阳，便逢先主相召入蜀，居了许多时日，作得许多功业。又如周家发迹于邠，迁于岐，迁于镐。春积渐向冬，周积渐入秦，皆是气使之然。大凡能发见即是气至，若仲尼在洙、泗之间，修仁义，兴教化，历后千有余年用之不已。今倡此道不知如何，自来元不曾有人说着，如扬雄、王通又皆不见，韩愈又只尚闲言词。今则此道亦有与闻者，其已乎？其有遇乎？①

张载的经世之志，在这一段文字里凿然可见。然而，学之兴废，道之隐显，都是"气使之然"，非人力所能左右的。这里的"气使之然"，强调的无疑是历史进程所蕴涵的气化之道的必然性。然而，这一必然性对于一个处在具体历史情境中的个体究竟意味着什么，却又无从得知。某种沧桑感从宿命般的历史必然性的深处袭来，在令人怆然的同时，又促使任道者在无所依傍中承担起所有的分量。

----

① 《经学理窟·自道》，《张载集》，第290—291页。

三　道学交游

　　张载与二程、邵雍等人之间的交往，可谓中国思想史上的"大事因缘"。在旧有的规模中渐趋衰落的儒家思想，经由此三数人的努力，遂在短时间内绽放出异彩，堪称文化史上的奇迹。而自宋初以来的累积之渐，也在这一集中绽放中结成硕果。

　　关于张载和邵雍的关系，相关的记载较少。《张载集》中仅有《诗上尧夫先生兼寄伯淳正叔》二首，与邵雍有关。而在邵雍《击壤集》中，也只有《和凤翔横渠张子厚学士亡后篇》[①]一诗曾言及张载。张载的诗留存下来的很少。《文集佚存》中仅有的十数首，也多是谈说义理的诗。像《诗上尧夫先生兼寄伯淳正叔》这样寄寓个人情感的诗作，可以说是绝无仅有的：

　　　　先生高卧洛城中，洛邑簪缨幸所同。顾我七年清渭上，并游无侣又春风。[②]

---

　　①　诗的标题中的"亡后篇"是指和诗二首中的第二首已经亡佚，不能误解为此诗是邵雍在张载去世后所作，因为，邵雍无疑先于张载去世。在《洛阳议论》中，有这样一段话："伯淳言：'邵尧夫病革，且言试与观化一遭。'子厚言：'观化他人便观得自家，自家又如何观得化？尝观尧夫诗意，才做得识道理，却于儒术未见所得。'"（《二程集》，第112页）这是邵雍先于张载去世的明证。

　　②　《文集佚存》，《张载集》，第370页。

从"顾我七年清渭上"一句，可以推知此诗当作于熙宁九年（1076 年）前后。张载在横渠镇的清寂当中，怀想洛阳诸友的交游讲论之乐。诗中流露出了些许怅惘的情绪，但更深处蕴藏的则是独立无倚、遁世无闷的果决。此诗虽然对邵雍颇为推重，但实际上与二程一样，张载在对邵雍思想的认同上是颇有保留的。

与邵雍不同，二程对张载思想的形成产生了重要的影响。相关的历史记载和学术讨论颇多[①]，但仍有一些有待澄清的地方。

首先是吕大临所作《横渠先生行状》中遗留下来的问题。朱子《伊洛渊源录》云："按《行状》今有二本，一云'尽弃其学而学焉'，一云'尽弃异学淳如也'。其他不同处亦多，要皆后本为胜。疑与叔后尝删改如此，今特据以为定。然《龟山集》中有《跋横渠与伊川简》云：'横渠之学，其源出于程氏，而关中诸生尊其书，欲自为一家。故予录此简以示学者，使知横渠虽细务必资于二程，则其他固可知已'。按横渠有一简与伊川，问其叔父葬事，末有'提耳悲激'之言，疑龟山所跋即此简也。然与伊川此言，盖退让不居之意。而横渠之学，实亦自成一

---

① 参见张岱年：《关于张载的思想和著作》，《张载集》，第 1—18 页；陈俊民：《张载哲学与关学学派》，台湾学生书局，1990 年。

家，但其源则自二先生发之耳。"① 朱子这段议论相当平允，可以视为此一公案的定论。这里的问题是，吕大临在《行状》的初稿中何以会有"（见二程）尽弃其学而学焉"这样的表述？吕大临对于张载之学，是笃信不疑的。程颐曾说："吕与叔守横渠学甚固，每横渠无说处皆相从，才有说了，便不肯回。"② 吕大临性情质直，这一点从他与程颐就如何理解《中庸》所做的往复讨论中，可以清楚地看到。③ 故"尽弃其学而学焉"绝不可能是吕大临凭空编造出来的。很可能张载生前曾有过类似的表述。以张载的心胸坦荡、虚怀若谷，既然曾在思想的根本方向上受到过程氏兄弟的影响和启发，应该不会讳而不言。游酢在《书（明道）行状后》一文中说："先生生而有妙质，闻道甚早。年逾冠，明诚夫子张子厚友而师之。子厚少时自喜其才……既而得闻先生论议，乃归谢其徒，尽弃其旧学，以从事于道。其视先生虽外兄弟之子，而虚心求益之意，恳恳如不及。"④ 这里，"友而师之"这一表达，有言过其实之嫌，但"虚心求益，

---

① 引自《张载集》，第 385 页。

② 《二程集》，第 265 页。

③ 参见《论中书》，《蓝田吕氏遗著辑校》，第 495—500 页。

④ 《二程集》，第 334 页。

恳恳如不及"一语却如实地刻画出了张载的基本姿态。①

另一个重要的问题是张载与二程的分歧。张载与二程的交游过程，大体上可以分成三个阶段。第一个阶段是从嘉祐元年（1056年）到嘉祐四年（1059年）前后。这个阶段张载初见二程，致思的根本方向得以确立。在嘉祐二年同科及第之前，两人在京师常常相聚讲论。②程颢中进士第后，调任京兆府鄠县主簿。在此期间，张载常致书请教。游酢《书（明道）行状后》云："逮先生之官，犹以书抵扈，以定性未能不动致问。先生为破其疑，使内外动静，道通为一，读其书可考而知也。"③这里所说的"扈"，是鄠县的古称。④据此，程颢的《定性书》就

---

① 程颐《再答横渠先生书》云："昨书中所示之意，于愚意未安，敢再请于左右。今承盈幅之谕，详味三反，鄙意益未安。此非侍坐之间从容辨析不能究也，岂尺书所可道哉？"（《二程文集》卷十）从"请于左右""侍坐之间"这样的语气看，二程在与张载的往还中，一直是谨持晚辈姿态的。因此，张载作为长辈的虚心问学，在二程看来显然是不能用"友而师之"或"尽弃其学而学焉"这样的表达来指实的。程颐后来用"几于无忌惮"这样严厉的措辞批评吕大临的《横渠先生行状》，一方面是由于"尽弃其学而学焉"这样的说法容易引生张载曾师事二程的误解，另一方面则是出于对吕大临未能遵其所嘱将此话删去的不满。而实际上，从《横渠先生行状》二本并存的情形看，吕大临已经遵照程颐的意见作了修改，但此前其初稿已经在一定范围内流传开来了。

② "伯淳尝与子厚在兴国寺曾讲论终日，而曰：'不知旧日曾有甚人于此处讲此事'。"《二程集》，第26页。

③ 《二程集》，第334页。

④ 参见高士奇：《春秋地名考略》卷十四，《四库全书》本。

作于鄠县任上。程颢在鄠县任职两年。故这封重要的书信当作于嘉祐四年前后。第二个阶段从嘉祐五年至熙宁三年（1060—1070年）。在这个阶段，张载"学成德尊"，开始"以礼教学者"，关中士风为之一变。吕大钧、范育和苏昞等人，应该都是在这一时期开始从学于张载的。此时的张载虽然已深得道学之精要，但恐怕还未能真正地建构起自己的体系。这也是张载在思想上与二程较为接近的一个时期。而熙宁二年在京师之时，程颢亦在京为官，是两人思想交流的又一良机。第三个阶段从熙宁三年（1070年）张载回到横渠镇直至去世。其间，张载居横渠镇七年，"潜心天地，参圣学之源"，"著《正蒙书》数万言"，①真正地形成了自己的思想系统。熙宁九年，张载入知太常礼院。此时程颢也在京师。两人间的讨论已不尽相合。②张载又多次致信程颐，与其讨论近年所得。程颐答曰：

> 观吾叔之见，至正而谨严。如"虚无即气则虚无"之语，深探远赜，岂后世学者所尝虑及也（自注：然此语未

---

① 《范育序》，《张载集》，第4页。

② 程颐《再答横渠先生书》云："况十八叔、大哥皆在京师，相见且请熟议，异日当请闻之。内一事，云已与大哥议而未合者，试以所见言之。"（《二程文集》，卷十）从程颐的答复看，张载与程颢"议而未合"的，是对《孟子》"必有事焉而勿正心，勿忘勿助长也"一句的理解。在程颐看来，张载信中所论，与程颢的观点并无本质的不同。这也透露出他对张载的思想进展还没有完整深透的把握。

能无过）。余所论，以大概气象言之，则有苦心极力之象，而无宽裕温厚之气，非明睿所照，而考索至此，故意屡偏而言多窒，小出入时有之。①

很显然，此时程颐尚未见到《正蒙》一书的全文，而只是从张载信中所论隐约地看出了某种分歧的端倪。对于"虚无即气则虚无"这一重要的哲学论断，程颐也持保留的态度。而张载论述中的"苦心极力之象"，则是以根本上的思理不契为基础的直觉上的洞察。由范育《正蒙序》可知，作为及门弟子的范育，也只是在熙宁十年（1077 年）才有机会"受其书而质问焉"。因此，二程在横渠生前是否曾看到过《正蒙》的全貌，是很值得怀疑的。否则，《洛阳议论》中不至于全无相关讨论的记载。熙宁十年，张载再次去职。归途经过洛阳，与二程得数日讲论之乐。此次洛阳相聚讨论的主要内容是井田和时政。在这方面，双方虽然在具体构想上小有异同，但大体上仍是相当契合的。而一旦涉及义理层面的讨论，他们之间的分歧就颇为显著了："二程解'穷理尽性以至于命'：'只穷理便是至于命'。子厚谓：'亦是失于太快，此义尽有次序。须是穷理，便能尽得己之性，则推类又尽人之性；既尽得人之性，须是并万物之性一齐尽得，如此然后至

---

① 《答横渠先生书》，《二程集》，第 569 页。

于天道也。其间煞有事，岂有当下理会了？学者须是穷理为先，如此则方有学。今言知命与至于命，尽有近远，岂可以知便谓之至也？'"① 张载对二程过于圆融的思想提出了批评，指出了具体实践上的次第的重要性。

张载于西归的途中病卒于骊山之下。我们能想见他辞别洛阳时寂寥的心绪。尽管彼此间已经有了许多思想上的分歧，但那也只是因为被淹没了千余年的道统必定要在真正意义上的思想对话间，才能更光耀地绽开。在这个意义上，张载与二程走向的殊途，只是儒学维持其鲜活生命力所必需的精神张力的实现。也许只有程明道真正懂得一个时代失去了这样一位拥有至高精神性的思想个体，究竟意味着什么。他在《哭子厚诗》中写道："叹息斯文约共修，如何夫子便长休！东山无复苍生望，西土谁供后学求！千古声名联棣萼，二年零落去山丘。寝门恸哭知何限，岂独交亲念旧游！"② 其中的悼惜之情，有非言语所能尽者。

---

① 《洛阳议论》，《二程集》，第 115 页。
② 《张载集》，第 338 页。

第二章　虚与气

　　张载哲学中有关虚气关系的讨论，是其形上学建构的基础。然而，究竟如何理解和把握张载对虚与气关系的具体表述，则始终是一个争议颇多的课题。而张载哲学是否可以定性为气一元论，并进而定性为一种朴素的古代唯物论，则是种种争议的真正焦点。本章将通过对相关材料的详尽析解，揭示出张载的气本论体系内在的复杂结构和丰富内涵。

一　论　形

《正蒙·太和篇》云：

　　气聚则离明得施而有形，气不聚则离明不得施而无形。方其聚也，安得不谓之客？方其散也，安得遽谓之无？故圣人仰观俯察，但云"知幽明之故"，不云"知有

无之故"。盈天地之间者，法象而已；文理之察，非离不相
睹也。方其形也，有以知幽之因；方其不形也，有以知明
之故。①

有形与无形是分判宇宙间万物的标尺。宇宙间只有两种存在，
即有形者和无形者。形由气聚而成，并非恒常的东西，因此只
能称之为"客"；而一旦由气聚而成的形，因气的消散而消失，
也并不意味着绝对的空无。因此，严格说来，是不能说"有
无"，而只能说"幽明"的。"《大易》不言有无，言有无，诸
子之陋也。"②气聚而成形，则"离明"可以施光于其上。《横
渠易说》于《离》卦"九三，日昃之离"云："明正将老，离过
于中"③，即是说日过中天而渐落。由此知"离明"是指太阳。
蔡仁厚教授对"离明"一词有这样一段详释："'离明'之离，
即易卦坎、离之离。坎为水，离为火。火乃光明之象征，故离
亦明也。离明，乃同义复叠之词。说卦传亦言'离为目'。火与
目，皆是取象、取喻之意。横渠此处言离明，既不指火言，亦
不指目言，而是直指神体之虚明照鉴而言。"④如果依蔡氏的解

---

① 《正蒙·太和篇》,《张载集》, 第 8 页。
② 《横渠易说·系辞上》,《张载集》, 第 182 页。
③ 《横渠易说·离》,《张载集》, 第 123 页。
④ 蔡仁厚：《宋明理学》, 台湾学生书局, 1976 年 10 月, 第 125—126 页。

释，将此"离明"解为"神体之虚明照鉴"，则上引段落中"气不聚则离明不得施而无形"这句话便完全无从索解。因为既然"离明"是"神体之虚明照鉴"，那么，此"虚明照鉴"应该是通贯幽明、虚实的，何以反而"不得施"于"气不聚"的无形之时？此种牵强的解释，与牟宗三先生对张载哲学中的虚、气关系的误解有着密不可分的关联。

形不同于象：

> 有变则有象，如乾健坤顺，有此气则有此象可得而言；若无则直无而已，谓之何而可？是无可得名。故形而上者，得辞斯得象，但于不形中得以措辞者，已是得象可状也。今雷风有动之象，须得天为健，虽未尝见，然而成象，故以天道言；及其法也则是效也，效著则是成形，成形则地道也。若以耳目所及求理，则安得尽！如言寂然湛然亦须有此象。有气方有象，虽未形，不害象在其中。①

这里，象和形是以天道和地道来分别的。《正蒙·参两篇》云："地所以两，分刚柔男女而效之，法也；天所以参，一太极两仪而象之，性也。"将两条材料结合起来，可以得到分别对应

---

①　《横渠易说·系辞下》，《张载集》，第231页。

天道和地道的两组语汇：参、象、性和两、效、法、形。天与象、地与法的关联根据的是《系辞下》"包牺氏之王天下也，仰则观象于天，俯则观法于地"。而法、效、形之间关联的根据，则见于《系辞上》"在天成象，在地成形"以及"成象之谓乾，效法之谓坤"。从"及其法也则是效也，效著则是成形"这样的表述看，法和效似乎是成形的过程中的不同阶段，法还不显著，效则已显为成形。形的出现在于"分刚柔男女而效之"。这里，使形成为可能的"分"，与前面气聚成形的叙述似乎构成了某种张力。

"盈天地之间者，法象而已；文理之察，非离不相睹也"，法和象在张载的哲学话语里可以转译为形和象。而"非离不相睹也"，这里的"离"与上文的"分"正可互释。《横渠易说》里的一则材料对此有更为明晰的阐发：

> 天文地理，皆因明而知之，非明则皆幽也，此所以知幽明之故。万物相见乎离，非离不相见也。①

这里"明"和"离"并见，似乎与上文"离明得施而有形"中的"离明"意义相同，然而细加参校，则会发现并非如此。当"离

---

① 《横渠易说·系辞上》，《张载集》，第182页。

明"与"施"关联在一起时，表明它必是指某种施与的存在者。而这里与"幽"相对的"明"，就成了与被动的不可见相对的被动的可见。"明"这种被动的可见性，则源于万物的"离"。这里的离显然是分离之意。事实上，分与聚之间的紧张是不存在的，对于气化而言，气聚的过程同时就是此物之气与彼物之气相分离的过程。而作为天地之间的物的规定性的天文地理，正是此种分离的结果。

天地之间，只有法和象这两种存在样态。而二者间的区别在于形与不形。

形与不形又是分别形上、形下的标准：

> "形而上者"是无形体者，故形而上者谓之道也；"形而下者"是有形体者，故形而下者谓之器。无形迹者即道也，如大德敦化是也；有形迹者即器也，见于事实即礼义是也。①

> 凡不形以上者，皆谓之道，惟是有无相接与形不形处知之为难。须知气从此首，盖为气能一有无，无则气自然生，气之生即是道是易。②

---

① 《横渠易说·系辞上》，《张载集》，第 207 页。
② 同上。

"象"是未形者，故是"形而上者"。与"象"的存在样态相应的是道，而与"形"相应的则是器。这里，关键是要领会"有无相接"、将形未形的体段。"须知气从此首"，是说正是这有无相接之处，是气生生之始。《横渠易说》解"复其见天地之心"曰："剥之与复，不可容线，须臾不复，则乾坤之道息也，故适尽即生，更无先后之次也。此义最大。临卦'至于八月有凶'，此言'七日来复'，何也？刚长之时，豫戒以阴长之事，故言'至于八月有凶'；若复则不可须臾断，故言'七日'。七日者，昼夜相继，元无断续之时也"。[1]剥复之际，正是"有无相接与形不形处"，是"适尽即生"的，而没有断绝之无。而这一"适尽即生"就是道。

形属于气，固不待言。而"象"同样是气：

> 所谓气也者，非待其郁蒸凝聚，接于目而后知之；苟健顺、动止、浩然、湛然之得言，皆可名之象尔。然则象若非气，指何为象？时若非象，指何为时？世人取释氏销碍入空，学者舍恶趋善以为化，直可为始学遣累者薄乎云尔，岂天道神化所同语也哉！[2]

① 《横渠易说·剥》，《张载集》，第113页。
② 《横渠易说·系辞下》，《张载集》，第219页。

因此，气是包含法（形）和象，同时也是包含形上和形下的。

二 论 象

在张载的著述中，"象"字有三种典型的用法：第一种是"形"与"象"的互用，如"气本之虚则湛一无形，感而生则聚而有象"[①]，这里的"象"就是形的意思，这种用法比较罕见，主要出于某种修辞上的需要；第二种是没有什么哲学意味的日常用法，如"'于人为寡发广颡'，躁人之象也"[②]；第三种也是最重要的一种用法，是作为与"形"相对的重要哲学概念来使用的，而其动词用法"可象"，也是从这种用法中派生出来的。

正如我们在前面已经明确指出的那样，在张载的哲学话语中，象和形的区分是相当严格的：

> 几者象见而未形者也，形则涉乎明，不待神而后知也。"吉之先见"云者，顺性命则所见皆吉也。[③]

---

① 《正蒙·太和篇》，《张载集》，第10页。
② 《横渠易说·说卦》，《张载集》，第237页。
③ 《横渠易说·系辞下》，《张载集》，第221页。

此句是对《系辞下》里的"几者，动之微，吉之先见者也"的解释。这里，"象"对应的是"几"，而"知几其神乎"，惟有真正心智通微的人才能识象知几。而"形"对应的是"明"，是感官经验的对象。

象与形的区别确乎无疑。但在张载那里，究竟什么是象以及象是否能成为感官的对象、为感官所把握等问题，仍有深入考察的必要。在具体的文本中，象的内涵是极为丰富的：

> 地在气中，虽顺天左旋，其所系辰象随之……辰者，日月一交之次，有岁之象也。[1]
>
> 天象者，阳中之阴；风霆者，阴中之阳。[2]
>
> 是故风雷有象，不速于心。[3]
>
> 苟健、顺、动、止、浩然、湛然之得言，皆可名之象尔。[4]
>
> 因爻象之既动，明吉凶于未形，故曰"爻象动乎内，吉凶见乎外"。[5]

---

① 《正蒙·参两篇》,《张载集》，第 11 页。
② 同上书,《张载集》，第 12 页。
③ 《正蒙·诚明篇》,《张载集》，第 23 页。
④ 《正蒙·神化篇》,《张载集》，第 16 页。
⑤ 《正蒙·大易篇》,《张载集》，第 54 页。

作《易》以示人，犹天垂象见吉凶；作书契效法，犹地出图书。①

这些材料中，前三条皆与天象有关。天与象的关联，经典上的依据无疑是《系辞上》中的"在天成象"。如果仅就天文学意义上的天体而言，天象无疑是可以用感官来把握的。但在张载那里，天象是指日月星辰等天体在运行之中通过彼此间位置和关系的变化而从整体上呈现出来的某种形势或意味。这种形势或意味既不是单纯的感官所能把握，同时又总是寓于感官经验当中，并经由感官经验才能真正理解的。《易》的爻象和卦象也是如此。爻象和卦象是可见的，但爻象和卦象中所蕴涵的义理以及所传达的征兆却是感官所不能把握的。而"健、顺、动、止、浩然、湛然"等象，更是寓乎感官又超乎感官的。象既不是抽象的义理，也不是具体成形的器物，而是介于两者之间的概念。与义理作为纯粹的应然不同，象对应的是实然的层面；而与成形的器物相比，象又因始终保有丰富的趋向和可能性而更为能动和积极。②

---

① 《横渠易说·系辞上》，《张载集》，第 204 页。

② 张载哲学中有"理势"的概念，如说："理势既变，不能与时顺通，非尽利之道。"（《横渠易说·系辞上》《张载集》，第 205 页）而"理势"和"时"在张载的哲学中就应该归属于"象"的范畴。

《系辞下》中有观象制器的观念, 对此, 张载解释说:

> 《易》说制作之意盖取诸某卦, 止是取其义与象契, 非必见卦而后始有为也, 然则是言夫子之言尔。[①]

《周易》的卦象里包含着丰富的启发性意象, 比如《益》卦, 在形象上有"天施地生""损上益下"的意味, 所以落实到具体的事务上, 就是耕种技术的发明; 再如《随》卦的卦象是上"兑"下"震", 有"动而说"的意味, 而"动"则不免于辛劳, 要想"动"且"说"就不能不"服牛乘马", 从而有种种畜牧技术的发展。当然, 张载也明确指出, 《系辞下》里所说的观象制器, 并不是说历史上的种种发明都一定要见到《易》的卦象才能出现。而古代圣王通过"仰则观象于天, 俯则观法于地"而得到的种种丰富的启发性意象, 被渐次包罗进《周易》的卦象当中。因此, 这些发明也都可以理解为取法卦象而来。《周易》的卦象涵有丰富的启发向度, 并不是某一具体器物的发明所能穷尽。这里, 各种技术发明是形器层面的存在, 而卦象所涵的启发性意象, 则对应着道的层面。

对于"形而上者谓之道, 形而下者谓之器", 张载曾有这样

---

① 《横渠易说》,《张载集》, 第214页。

的解释：

> "形而上者"是无形体者，故形而上者谓之道也；"形
> 而下者"是有形体者，故形而下者谓之器。无形迹者即道
> 也，如大德敦化是也；有形迹者即器也，见于事实即礼义
> 是也。[①]

这里，张载将"大德敦化"这样看不到具体形迹的影响，归入
形上的道的范畴，而将各种具体可见可知的礼义规范归入形下
的器的层面。"大德敦化"虽无具体的形迹，但由此而生的变化
是可以觉知的，因此，也属于无形而有象的范围。

对于象的产生，张载给出了明确的论断："有变则有象。"[②]
从具体的上下文看，张载这里所说的"变"是指无法察觉的微
小变动，因此，如果措辞更严密些的话，应该改作"化"字。[③]
由上面种种分析可知，"象"在张载的哲学话语中，其实就是由
无法察觉的微小变动引生的某种整体的变化趋势以及这种趋势

[①] 《横渠易说·系辞上》，《张载集》，第 207 页。

[②] 《横渠易说·系辞下》，《张载集》，第 231 页。

[③] 在张载的哲学话语中，变和化是不同的："变，言其著；化，言其渐。"
（《张载集》，第 70 页）但这主要用于变与化对举的语境里。当单用"变"字时，
是可以兼该变与化的意思的。

在认知主体中产生出的无法归约为具体感知的意味。

三 参 两

我们回过头来再看看"地所以两"与"天所以参"的问题。《正蒙·参两篇》云:

> 地, 物也; 天, 神也。物无逾神之理, 顾有地斯有天, 若其配然尔。①

相对于天道, 地只是物这个层面的存在。此种存在层次, 显然低于神和天的层次。然而, 在表面看来, 似乎反倒是有了地才有天的, 天反而成了从属的。

而事实上, 天这种表面上的从属地位, 是有其逻辑上的必然性的:

> 两不立则一不可见, 一不可见则两之用息。两体者, 虚实也, 动静也, 聚散也, 清浊也, 其究一而已。有两则有一, 是太极也。若一则有两, 有两亦一在, 无两

---

① 《正蒙·参两篇》,《张载集》, 第11页。

亦一在。然无两则安用一？不以太极，空虚而已，非天
参也。①

有两的存在，一的作用在逻辑上才有着落。如果是有一才有
两，那么，不管是否有两，都不妨碍一的存在。但是，如果没
有两，又何必要一呢？这里，张载揭示出天道与地道、神与物
关系的二重性：在思理和逻辑层面，物和地道是优先的，而神
和天道从属于前者的存在；而在实然层面，神和天道又高于物
和地道，是后者所无法超越的。

　　"地所以两"，在于"分"和"离"，由分离而获得有具体规
定性的有限的物的存在。而"天所以参"，则在于以太极之一贯
通划然两分的阴和阳。《正蒙·参两篇》云：

　　　　一物两体，气也。一故神，（自注：两在故不测。）两
　　故化，（自注：推行于一。）此天之所以参也。②

从上下文义看，这里所说的"一物两体"，讲的其实是神的通贯
性在气化过程中的作用，而这一通贯性就是"天所以参"的根

---

① 《横渠易说·说卦》，《张载集》，第 233 页。
② 《正蒙·参两篇》，《张载集》，第 10 页。

本所在。牟宗三以为："'一物'即太极、太虚神体之为圆为一，'两体'即昼夜、阴阳、虚实、动静等，此是属于气……即气之通贯以见天德神体之'参和不偏'、'兼体无累'也，并非说太极、太虚、天德神体亦是气也。"①这里，以昼夜、阴阳、虚实、动静归属于气，并无疑问。问题在于，能否以太虚为所谓"天德神体"？从具体文义看，这里的气指的应该是"一物两体"的能动过程的整体；换言之，"兼体无累"的主体正是气之絪缊不息，而这一絪缊不息亦即张载所说的"天道神化"的作用。一贯通两，并不是以消灭两为代价的，恰恰是两之间的贯通，才具有神的"不测"的特性；两的存在，有其相对的固定性，但即使在这相对固定的分立状态中，实质上也有"推行于一"的"化"的作用，与神的"不测"相对，化的特点是"难知"。②

《正蒙·太和篇》云：

　　气块然太虚，升降飞扬，未尝止息，《易》所谓"絪缊"，庄生所谓"生物以息相吹""野马"者与！此虚实、动静之机，阴阳、刚柔之始。浮而上者阳之清，降而下者阴之

---

①　牟宗三：《心体与性体》，上海古籍出版社，1999年12月，第388页。

②　《正蒙·神化篇》云："形而上者，得辞斯得象矣。神为不测，故缓辞不足以尽神，缓则化矣；化为难知，故急辞不足以体化，急则反神。"《张载集》，第16页。

浊，其感通聚结，为风雨，为雪霜，万品之流形，山川之融结，糟粕煨烬，无非教也。

"块然"即"尘埃广大之貌"。[①]"块然太虚"这一表述，虚实并举，气则贯通虚实。"絪缊""野马"强调了气"升降飞扬，未尝止息"这一不已的能动性格。而这也是"太和所谓道"的实质。

四　虚与气

在前面讨论的基础上，我们可以进一步来检讨张载哲学中虚与气的关系。《正蒙·太和篇》云：

> 知虚空即气，则有无、隐显、神化、性命通一无二，顾聚散、出入、形不形，能推本所从来，则深于《易》者也。若谓虚能生气，则虚无穷，气有限，体用殊绝，入老氏"有生于无"自然之论，不识所谓有无混一之常；若谓万象为太虚中所见之物，则物与虚不相资，形自形，性自性，形性、天人不相待而有，陷于浮屠以山河大地为见病之说。此道不明，正由懵者略知体虚空为性，不知本天道

---

① 《说文解字段注》，成都古籍书店影印本，1981 年 9 月，第 731 页。

为用，反以人见之小因缘天地。明有不尽，则诬世界乾坤为幻化。幽明不能举其要，遂躐等妄意而然。不悟一阴一阳范围天地、通乎昼夜、三极大中之矩，遂使儒、佛、老、庄混然一涂。语天道性命者，不罔于恍惚梦幻，则定以"有生于无"，为穷高极微之论。入德之途，不知择术而求，多见其蔽于诐而陷于淫矣。

这一段材料一直是理解张载思想的关键文献，同时也是解释上分歧极大的文本。问题主要在于对"虚空即气"的理解。"虚空即气"这样的表达亦见于《正蒙·太和篇》的另一则材料"气之聚散于太虚，犹冰凝释于水，知太虚即气，则无无"，由此可知，"即气"这一表达是张载精心措辞的结果，而非漫不经心之笔。[①] 对于太虚与气的关系，陈来教授论曰："太虚之气聚而为气，气聚而为万物；万物散而为气，气散而又归于太虚。"[②] 其中，"即"显然被解读为"是"，为等同义。与此相反，牟宗三则指出："'虚空即气'，顺横渠之词语，当言虚体即气，或清

---

①　张载对文字非常在意："学者潜心略有所得，即且志之纸笔，以其易忘，失其良心。若所得是，充大之以养其心，立数千题，旋注释，常改之，改得一字即是进得一字。始作文字，须当多其词以包罗意思。"《经学理窟·义理》，《张载集》，第 275 页。

①　参见《宋明理学》，辽宁教育出版社，1991 年 12 月，第 95 页。

通之神即气。言‘虚空’者，乃是想以一词顺通佛老而辨别之也。……是以此‘即’字是圆融之‘即’，不离之‘即’，‘通一无二’之即，非等同之即，亦非谓词之即”。[①] 这两种截然相反的解释的是非得失，既不能靠悬空立一横渠思想大旨来解决，也不能仅依同类表述的有限语境来诠定，而应当将其置入横渠哲学话语的整体中来检讨和解释。

首先要看到的是，在张载的论述中，显然有与有形的存在者并存的"太虚"：

> 凡圜转之物，动必有机；既谓之机，则动非自外也。古今谓天左旋，此直至粗之论尔，不考日月出没、恒星昏晓之变。愚谓在天而运者，惟七曜而已。恒星所以为昼夜者，直以地气乘机左旋于中，故使恒星、河汉因北为南，日月因天隐见，太虚无体，则无以验其迁动于外也。[②]

又：

> 阴性凝聚，阳性发散；阴聚之，阳必散之，其势均

---

① 《心体与性体》，第393页。晚近的张载研究中，也多有依牟氏之论而特加发挥的，参见丁为祥：《虚气相即：张载哲学体系及其定位》，人民出版社，2000年12月。

③ 《正蒙·参两篇》，《张载集》，第11页。

散。阳为阴累，则相持为雨而降；阴为阳得，则飘扬为云
而升。故云物班布太虚者，阴为风驱，敛聚而未散者也。①

这两条材料可以视为张载的自然哲学论述。其中所说的"太虚"
似乎有我们今天所说的空间的意思。但实际上，即使在这一上
下文中，这样的理解也是成问题的。"太虚无体，则无以验其迁
动于外也"，这就是说，太虚是有其自身的迁动的，只是这一迁
动无法察知验证而已。而经典物理学意义上的绝对空间，则是
使运动成为可能，而自身无所谓运动的。因此，"虚空并非像普
通人所了解的那样，它并不是一个绝对的空间，不是一个中间
一无所有的大柜子，而是在它中间充满着一种无法直接感知的
极为稀薄的气"②。

其次，则要弄清张载立论所针对的各种歧见：

（1）若谓虚能生气，则虚无穷，气有限，体用殊绝，
入老氏"有生于无"自然之论，不识所谓有无混一之常；
若谓万象为太虚中所见之物，则物与虚不相资，形自形，
性自性，形性、天人不相待而有，陷于浮屠以山河大地为

---

① 《正蒙·参两篇》，《张载集》，第12页。
② 陈来：《宋明理学》，第59页。

见病之说。①

（2）太虚不能无气，气不能不聚而为万物，万物不能不散而为太虚。循是出入，是皆不得已而然也。然则圣人尽道其间，兼体而不累者，存神其至矣。彼语寂灭者往而不反，徇生执有者物而不化，二者虽有间矣，以言乎失道则均焉。②

两条材料都是针对释老二道的，但着眼点颇为不同。第（1）条，针对的是释老二道对虚与气关系的误解。老氏之"有生于无"，或"虚能生气"，其问题在于虚之无穷与气之有限的"殊绝"。因为，如果虚为体，而气为用，体无穷，用亦当无穷。体之无穷与用之有限，就构成了某种体用之间的不相通贯。因此，必须看到，"气有阴阳，屈伸相感之无穷，故神之应也无穷；其散无数，故神之应也无数"③。而要同时达到气亦无穷、虚亦无穷，结果就只能是虚即是气。而释氏的问题在于"以山河大地为见病"，即以世间万物为幻相。"若谓万象为太虚中所见之物"这一说法所要表达的无非是太虚为实而万象为幻的意思。太虚是万物的真性，而万物的具体有形存在所构成的本质，却

---

① 《正蒙·太和篇》，《张载集》，第 8 页。
② 同上书，第 7 页。
③ 《正蒙·乾称篇》，《张载集》，第 66 页。

不是它们的自性。这样一来，万物的物性与其真性之间的关系就被割裂了，从而形与性、天与人无法贯通。与此相反，正确的看法就是要看到形性、天人之间的一贯。万物虽形，而不碍其虚体；虚体常在，而不以万形为幻。所谓"气之为物，散入无形，适得吾体；聚为有象，不失吾常"①。也就是说，气是通贯于无形与有形的。第（2）条，针对的是释老二道在无与有问题上的各执一偏。释氏但知寂灭，不知剥复之际"适尽即生"之理；而老氏则拘滞于客形，不识"形溃反原"之道。与此相反，张载要人们领会的是这样的至理："至虚之实，实而不固；至静之动，动而不穷。实而不固，则一而散；动而不穷，则往且来"②；"物虽是实，本自虚来，故谓之神；变是用虚，本缘实得，故谓之鬼"③。万物"本自虚来"，同时又不是"有生于无"，因此，只能理解为太虚聚而为气、气聚为万物的结果。

综合上面的分析可知，太虚与气的关系就是无形之气与有形之气的关系。然而，由无形的太虚聚为有形的气和万物，以及反向的消散过程不是整齐划一，而是"屈伸相感之无穷"的。世间万物在一刻不停地生生，同时也在一刻不停地消散反原。

---

① 《正蒙·太和篇》，《张载集》，第 7 页。

② 《正蒙·乾称篇》，《张载集》，第 64 页。

③ 《横渠易说·系辞上》，《张载集》，第 183 页。

因此也就有了太虚与有形的物并存的状况。

最后，我们有必要再来看看太虚与前面讨论的形及象的关系。

《横渠易说·系辞下》云：

> 故形而上者，得辞斯得象，但于不形中得以措辞者，已是得象可状也。……如言寂然湛然亦须有此象。有气方有象，虽未形，不害象在其中。[1]

凡"不形中"，只要是可以"措辞"的，就已经有了可以被描述的"象"。这类"可状"的象，张载提到的有"健""顺""动""止""浩然""湛然"和"寂然"。太虚应当属于虽无形但有"可状"之象的气。这里，"得以措辞"和"可状"向我们暗示出，太虚仍是某种对象性的存在者。在这个意义上，太虚虽然也是形而上者，但它与有形之气的并存关系，仍是"地道"的"两"的关系。

还有更高的形而上者：

---

① 《横渠易说·系辞下》，《张载集》，第 231 页。

> 散殊而可象为气，清通而不可象为神。①

> 形而上者，得意斯得名，得名斯得象；不得名，非得象者也。故语道至于不能象，则名言亡矣。②

这里，"可象者"显然是兼有形无形而言的，其中既包括有形之气，也包括无形之太虚。而神则是"不可象"的。③神超越地道之两，而成就天道之参。"释氏元无用，故不取理。彼以有为无，吾儒以参为性，故先穷理而后尽性。"④天道之参，正是儒释分判的根本所在。

神是"不可象"的。但上文又说，"得名斯得象"。难道"神"不是名吗？在这里，我们必须看到"名言"是一种定义性的语言，此种定义性的语言在用于讨论终极实体上的局限性，在王弼的著述中早已有了极为充分的讨论，如在注释《老子》第一章"同谓之玄"时，王弼写道："玄者，冥默无有也，始、母之所出也。不可得而名，故不可言同名曰玄。而言同谓之玄者，

---

① 《正蒙·太和篇》，《张载集》，第7页。

② 《正蒙·天道篇》，《张载集》，第15页。

③ 张载有的时候，也将形与象混在一处说。如说"若谓万象为太虚中所见之物，则物与虚不相资，形自形，性自性，形性、天人不相待而有，陷于浮屠以山河大地为见病之说"。这里，形和象就是混用的。但在"不可象"这一表达里，"象"恰恰是无法以"形"来置换的，这一点单从语法上就可以看出来。

④ 《横渠易说·说卦》，《张载集》，第234页。

取于不可得而谓之然也。不可得而谓之然,则不可以定乎一玄
而已。"①而张载对王弼《老子注》是相当了解的②,不仅定义
性的"名言"无法用于"神",描状性的"辞"③也同样无力。
然而张载又说:

> 形而上者,得辞斯得象矣。神为不测,故缓辞不足以
> 尽神,缓则化矣;化为难知,故急辞不足以体化,急则
> 反神。④

直接从字面上看,这段话是在说,有可以"尽神"的辞,但这
样的辞一定不能是缓辞;同样,也有可以"体化"的辞,而这
样的辞一定不能是急辞。

《横渠易说》这样来解说"鼓之舞之以尽神":

> 天下之动,神鼓之也,神则主乎动,故天下之动,皆神
> 之为也。辞不鼓舞则不足以尽神,辞谓《易》之辞也。于象

---

① 楼宇烈:《王弼集校释》,中华书局,1999 年 12 月,第 2 页。
② 《正蒙·有德篇》云:"谷神能象其声而应之,……王弼谓'命吕者律',
语声之变,非此之谓也。"《张载集》,第 46 页。
③ 《横渠易说·系辞上》云:"辞谓《易》之辞也。"《张载集》,第 205 页。
④ 《正蒙·神化篇》,《张载集》,第 16 页。

固有此意矣，又系之以辞，因而驾说，使人向之，极尽动之义也。歌舞为巫风，言鼓舞之以尽神者，与巫之为人无心若风狂然，主于动而已。故以好歌舞为巫风，犹云如巫也。巫主于动，以至于鼓舞之极也，故曰尽神。[1]

"于象固有此意矣"中的"此意"当是指神鼓天下之动。这是说易象中已含有"神主乎动"的意旨。"又系之以辞，因而驾说，使人向之，极尽动之义"，是说用《易》之辞来使人向着神存在，从而穷极神所鼓之动。这里，张载引入了巫的比喻。巫在歌舞中为动所主，是鼓舞之极的状态。而《易》之辞则必须有使人鼓之舞之的作用，只有这样才能"尽神"。

上面的分析似乎表明，张载认为神是可以用辞来充分表达的。而"得辞斯得象"，这样一来，神岂不是"可象"的了？那么，"清通而不可象为神"又如何理解呢？《系辞上》曰："系辞焉，以尽其言"，又曰："鼓天下之动者存乎辞"，由此可见，这里所说的"辞"，并非"湛然""浩然"这类分别指称某种单一的象的辞，而是《易》之辞的整体。而作为整体的《易》之辞，一方面可以"鼓之舞之以尽神"，另一方面又是无具体的象与之对应的。

---

① 《横渠易说·系辞上》，《张载集》，第 205 页。

　　牟宗三常以"太虚神体"立论，而实际上，"太虚神体"这一表述本身就已经是对张载思想的误解了。[1]因为在张载的哲学论述中，太虚无形而有象，神则清通而不可象，这分明是两个层次，是不可混为一谈的。

　　综上所述，在张载的形上形下之别中，有如下几个层次：其一，有形的气和万物；其二，无形而有象的太虚；其三，清通而不可象的神。而神并不在气外："气之性本虚而神，则神与性乃气所固有，此鬼神所以体物而不可遗也。"[2]神鼓"天下之动"[3]，为气所固有的能动本性。析而言之，则有气、虚和神的分别；若统而言之，则尽收于太和之"野马""𬇙缊"当中了。

五　兼体无累

　　牟宗三对张载"兼体无累"的思想做了极为重要的阐发。[4]但在具体论述上，仍不无可议之处。牟氏立论的主要依据出自《正蒙·乾称篇》：

---

① 牟宗三：《心体与性体》，第 409 页。
② 《正蒙·乾称篇》，《张载集》，第 63 页。
③ 《正蒙·神化篇》，《张载集》，第 16 页。
④ 参见牟宗三：《心体与性体》，第 384—386 页。

　　　　体不偏滞，乃可谓无方无体。偏滞于昼夜阴阳者物也，若道则兼体而无累也。以其兼体，故曰"一阴一阳"，又曰"阴阳不测"，又曰"一阖一辟"，又曰"通乎昼夜"。语其推行故曰"道"，语其不测故曰"神"，语其生生故曰"易"，其实一物，指事而异名尔。①

首先，牟氏对"兼体"二字的解释颇成问题："此文可助解'兼体'之意。详此，则'兼体'之兼即不偏滞义，'体'则无实义，非本体之体。兼体者即能兼合各相而不偏滞于一隅之谓。《诚明篇》第六有云：'天本参和而不偏。'此'兼体'之兼即'参和不偏'之意也。所参和之体即昼夜、阴阳、动静、聚散等之相体或事体，故此'体'字无实义，乃虚带之词。"这里对"兼"字的解释没有问题。问题出在"体"字上。从牟氏的具体论述看，他似乎是将"兼体"的"体"当成了名词，因此才会有"非本体之体"的说法。即使仅从语法上看，我们也可以确知这里的"体"应当读为动词，在这段文字中，与"兼体"相对的是"偏滞"，其中"兼"与"偏"相对，"体"与"滞"相对。《横渠易说》在论及《易》之穷高极深时说："非周知兼体，则其神不能通天下之故"②，其中"兼体"与"周知"并置，"体"之动词义至为

---

① 《正蒙·乾称篇》，《张载集》，第65—66页。
② 《横渠易说·系辞上》，《张载集》，第200页。

明显。在张载的文字中，"体"字的动词用法是很常见的，如说"鬼神亦体之而化"（《正蒙·动物篇》），其中的"体"，应当是内在于某物并发挥作用的意思。一旦明了了"体"的动词义，"兼体"所说的就是同样地内在于并作用于昼夜、阴阳、动静、聚散等两体之中，就是贯通义，而非牟氏所说的兼合义。牟氏之所以要做这样牵强的解释，根源仍在于他对虚与气关系的理解。由于他将虚与气的关系理解为相即不离的体用关系，"兼体"的贯通义也就全无着落。而实际上，从"昼夜"这样"兼体"的对象看，显然是在时间中有体段分别的。而"昼夜"这一说法又显非偶然之笔，在指示儒者之道与释老的不同时，张载说："不悟一阴一阳范围天地、通乎昼夜、三极大中之矩，遂使儒、佛、老、庄混然一涂。"[1]而昼夜，其实就是幽明，因而也就分别对应虚和气。

儒者之道"通知"昼夜幽明之道：

> 见者由明而不见者非无物也，乃是天之至处。彼异学则皆归之空虚，盖徒知乎明而已，不察夫幽，所见一边耳。[2]

与释老偏滞于幽明之一边不同，儒者之道正在于兼体通知。而昼夜显然是时间中交替出现的体段，而非在所有时间里都相即

---

① 《正蒙·太和篇》，《张载集》，第8页。
② 《横渠易说·系辞上》，《张载集》，第182页。

不离的不同层次的存在。昼夜的关系，正是幽明之间关系的明确表现，同时也清楚地道出了张载对虚与气关系的理解。正因为在张载那里虚与气不是牟氏所说的相即不离的关系，他才会有这样的表述："方其形也，有以知幽之因，方其不形也，有以知明之故"。① "方其形""方其不形"这样的表达，显然是指气化的过程中，既有有形的体段，又有不形也即虚的体段。如果是着眼于同一存在的不同层面，正确的表达应是"由其形""由其不形"。②

由此，牟氏所说"'兼体'之兼即'参和不偏'之意"，正确的说法应该是"'兼体'即'参和不偏'之意"。而"参和"和"兼体"，都是指一物对两体的贯通。

六　生　死

张载对虚气关系的种种道说，都有一个隐含着的宗旨，即建构起儒家独有的对生死问题的理解和安顿。比如在提出"太虚不能无气，气不能不聚而为万物，万物不能不散而为太虚"这一有关虚气关系的重要论断后，其议论的指向便立即转向对

---

① 《正蒙·太和篇》，《张载集》，第 8 页。
② 张载用词上的精确，与对王弼的熟悉不无关联。有关这一点，我们将专题讨论。

二氏的生死观念的批评："彼语寂灭者往而不反，徇生执有者物而不化，二者虽有间矣，以言乎失道则均焉。"①在张载看来，如何超越释氏的"寂灭"和老氏的"徇生执有"这两种错误的思想倾向，是问题的关键所在。

众所周知，二程对于张载的气学思想，有着诸多的批评。而这些批评所针对的问题，又往往不甚明了。其中确有某些批评，是出自二程对张载的误解，或彼此间基本哲学架构的不同。但生死观上的根本差异，则构成两者间分歧的真正焦点。《近思录》卷一收入程颐一段极为重要的论述：

> 近取诸身，百理皆具。屈伸往来之义，只于鼻息之间见之。屈伸往来只是理。不必将既屈之气，复为方伸之气。生生之理，自然不息。如《复》卦言"七日来复"，其间元不断续，阳已复生。物极必返，其理须如此。有生便有死，有始便有终。②

---

① 《正蒙·太和篇》，《张载集》，第7页。

② 《近思录》，上海古籍出版社，1994年6月，第16页。《宋元学案·伊川学案》中载有一段相近的论述："出入之息者，阖辟之机而已，所出之息非所入之气，但真元自能生气，所入之气正当辟时随之而入，非假此气以助真元也。若谓既反之气复将为方伸之气，必资于此，则殊与天地之化不相似。天地之化，自然生生不穷，更复何资于既毙之形，既返之气，以为造化。"《宋元学案》，中华书局，1986年12月，第592页。

朱子指出："此段为横渠'形溃反原'之说而发也。"① 据此，程颐这一段议论，显然是针对《正蒙》中"气之为物，散入无形，适得吾体；聚为有象，不失吾常。太虚不能无气，气不能不聚而为万物，万物不能不散而为太虚"② 这样的论述而发。从最后"有生便有死，有始便有终"这样的表述看，此段关于气化的讨论，其落脚点仍在于生死问题。③ 在二程以及后来的朱子看来，张载虚空即气的气化思想对于生死问题的解决，未能在根本上与释氏之教区别开来。如朱子所说："横渠辟释氏轮回之说。然其说聚散屈伸处，其弊却是大轮回。盖释氏是个个各自轮回，横渠是一发和了，依旧一大轮回。"④

---

① 《近思录》，第 16 页。

② 《正蒙·太和篇》，《张载集》，第 7 页。

③ 朱子对此有更为明确的批评："问：'横渠说：天性在人，犹水性之在冰，凝释虽异，为理一也。'又言：'未尝无之谓体，体之谓性。'先生皆以其言为近释氏。冰水之喻，有还元反本之病，云近释氏则可。'未尝无之谓体，体之谓性'，盖谓性之为体本虚，而理未尝不实，若与释氏不同。'曰：'他意不是如此，亦谓死而不亡耳。'"《朱子语类》，中华书局，1986 年 3 月，第 2536 页。

④ 《朱子语类》，第 2537 页。朱子这一批评是否谛当，是可以讨论的。牟宗三在《心体与性体》一书中，即对此类批评持否定的意见，参见《心体与性体》，上海古籍出版社，1999 年 12 月，第 416 页。事实上，张载对佛教生死观的批评，并非如朱子所说的那样，着眼于轮回之说。《正蒙》里对佛教的批评是："彼语寂灭者往而不反"，也就是说，佛教生死观的真正问题并不在于轮回，而在于其主张寂灭，是往而不反之理。

　　在二程看来，张载"形聚为物，形溃反原"的思想，将天地生生之理拘限在了循环往复的气中，从而使气化的生生不已的过程，被把握为某种有限的东西。而在此基础上对于生死问题的解决，虽然超越了个体的形气之私，将"散入无形"的死看作回复本原、适得真体的过程，但在某种程度上仍为人"死后"的存续留下了余地。这其实也是朱子指出横渠的着眼点在于"死而不亡"的根据所在。

　　与张载要对治释氏的寂灭不同，二程对个体的寂灭是持肯定态度的："鬼是往而不反之义。"[①] 个体的死亡，就是往而不返的寂灭。只是这寂灭并不是宇宙的终结，而正是天地生生之理充分实现自身的环节。因为如果不从一己的形气之私上起见，我们将会发现每一个个体生命无非是天地生生之理的体现。天地生生之理，如果不是每一刻都在创生着全新的生命，而是要"资于既毙之形，既返之气"，那么生生之理就有断绝灭息的可能。这在二程看来，是不可理解的。在这个意义上，个体生命的往而不返的寂灭，才成就了生生之理的不息。换言之，当一个人在充分实现了上天赋予他的存续天地生生之意的使命后死去，同时也意味着生生之理在另一个全新的生命里更为鲜活的实现。因此，从每一个终将寂灭的个体的角度看，对

————————

　　① 《二程集》，第81页。

待自己的死亡，除了那些不可避免的因长别而生的余哀外，更多的应该是内心中至深的大欢喜。在这个意义上，我们才能充分理解明道的这句话：

> 死生存亡皆知所从来，胸中莹然无疑，止此理尔。孔子言"未知生，焉知死"，盖略言之。死之事即生是也，更无别理。①

死不是别的，只是个体生命的结束。既然是生命的终结，从个体角度看，也就没有所谓"死后"。"死后"这回事只是在生者眼中存在，只对尚且在世的人有意义。既然没有所谓"死后"，而死又不过是生命的终结，因此说，"死之事即生是也"，人只需知道如何去生活也就够了，关于死的任何悬想，无非是幻妄之见，都既无必要，也无意义。

正是在此种生死观的基础上，二程对张载"气不能不聚而为万物，万物不能不散而为太虚"的思想含蓄地提出了批评：

---

① 《二程集》，第 17 页。此条亦见于《经学理窟·学大原上》，《张载集》，第 279 页。从思想倾向上看，这条材料并不符合张载的一贯论说。因此，应该是程颢的话误入其中的结果。

> 若谓既返之气复将为方伸之气，必资于此，则殊与天地之化不相似。天地之化，自然生生不穷，更何复资于既毙之形，既返之气，以为造化？近取诸身，其开阖往来，见之鼻息，然不必须假吸复入以为呼。气则自然生。人气之生，生于真元。天之气，亦自然生生不穷。至如海水，因阳盛而涸，及阴盛而生，亦不是将已涸之气却生水。自然能生，往来屈伸只是理也。盛则便有衰，昼则便有夜，往则便有来。天地中如洪炉，何物不销铄了？ [①]

在程颐看来，既然太虚之气是由万物消散而来，那就等于是万物的"既毙之形，既返之气"，而以这样得来的太虚之气作为新的生命的基础，就从根本上拘限了天地之化的生生不穷。天地之化的无可穷尽的生生之道，只能而且必然体现为不断地创生出全新的存有来。

事实上，张载对自然之理的理解在很多方面，与二程都是一致的。比如程颐所说"《复》卦言'七日来复'，其间元不断续，阳已复生"，与《横渠易说》解"复其见天地之心"时所论的"适尽即生"之理并无不同。而且，张载对于虚气问题的种

---

① 《二程集》，第 148 页。

种论说，也自有其充分的自洽性，并没有二程所看到的那种思想理论结构上的缺陷。归根结底，二者的分歧其实出在对释氏生死观的问题所在的不同理解之上。二程批评释氏以生死恐动人，因而批评的着眼点在于轮回而非寂灭。而张载则把释氏所强调的寂灭视为问题的关键。

在张载看来，佛教的寂灭观和道教的长生论，各执一偏，俱非中道。前者"往而不返"，是持论过高的结果；后者"物而不化"，是见识浅陋所致。而真正正确的观念，只有在对二者的批评中才能建立起来。

对于道教长生久视的追求，张载的批评颇为简明：

> 《易》谓"原始反终故知死生之说"者，谓原始而知生，则求其终而知死必矣，此夫子所以直季路之问而不隐也。[①]
> 尽性然后知生无所得则死无所丧。[②]

这与二程强调的有生便有死、有始便有终，是完全一致的。值得注意的是，"生无所得则死无所丧"的思想，其实与《庄子》

---

① 《正蒙·乾称篇》，《张载集》，第 65 页。

② 《正蒙·诚明篇》，《张载集》，第 21 页。

的生死观是相贯通的。①

佛教以超越生死轮回而达涅槃寂灭为目标，对此，张载批评道：

> 浮屠明鬼，谓有识之死受生循环，遂厌苦求免，可谓知鬼乎？以人生为妄，可谓知人乎？天人一物，辄生取舍，可谓知天乎？孔孟所谓天，彼所谓道。惑者指游魂为变为轮回，未之思也。大学当先知天德，知天德则知圣人，知鬼神。今浮屠极论要归，必谓死生转流，非得道不免，谓之悟道可乎？②

在张载看来，佛教的生死观犯了两个根本性的错误：其一是认为个体的灵明在死后轮转受生；其二是认为惟悟道方可脱此轮

---

① 《庄子·大宗师》有这样一则寓言："俄而子来有病，喘喘然将死，其妻子环而泣之。子犁往问之曰：'叱！避！无怛化！'倚其户与之语曰：'伟哉造化，又将奚以汝为，将奚以汝适？以汝为鼠肝乎？以汝为虫臂乎？'子来曰：'父母于子，东西南北唯命之从。阴阳于人不翅于父母。彼近吾死而我不听，我则悍矣，彼何罪焉？夫大块载我以形，劳我以生，佚我以老，息我以死。故善吾生者乃所以善吾死也。今之大冶铸金，金踊跃曰：'我且必为镆铘'，大冶必以为不祥之金。今一犯人之形而曰'人耳人耳'，夫造化者必以为不祥之人。今一以天地为大炉，以造化为大冶，恶乎往而不可哉？"顺任死生之自然是《庄子》对待生死的一贯态度。而这种态度在"纵浪大化中，不喜亦不惧"（陶渊明）这样的诗句中也有着明白的体现。

② 《正蒙·乾称篇》，《张载集》，第64页。

回。对于人死后个体的灵明存续与否的问题，张载的思想是非常明确的：一方面，"气于人，生而不离、死而游散者谓魂；聚成形质，虽死而不散者谓魄"①，也就是说，人死后个体的灵明即随之消散，而肉身的形质则仍然有所存续；另一方面，"道德性命是长在不死之物也，己身则死，此则常在"②，个体心灵中与个人的具体知觉相关的内容，也随死亡而消尽。但赋予人以知觉能力并借由人的具体知觉彰显出来的天道神化之生生不已的根源却是长存的。事实上，以个体的自我为中心的心灵内容，即使是人在世时，也是某种"贪天功为己力"的结果，是由于人的自私而生的幻相。③由此可知，朱子说张载的生死观在本质上依旧是"一大轮回"，是彻头彻尾的误解。在张载看来，佛教相信个体灵魂的轮回，已经在根本上错了，而在此基础上要超脱轮回、追求寂灭，则是犯了一个更为严重的错误。张载"知太虚即气，则无无"的气化宇宙观的建构，从根本上否定了寂灭的可能。在构成人的要素中，有形质的体魄，在人

① 《正蒙·动物篇》，《张载集》，第 19 页。

② 《经学理窟·义理》，《张载集》，第 273 页。

③ 张载说："闻见不足以为己有，'仁者见之谓之仁，知者见之谓之知'，心各见本性，始为己有。"（《横渠易说·系辞上》，《张载集》，第 188 页）个体意义上的闻见，并不是真正属于自己的。只有当人能真实地体贴出自己的真我——源自于天的内在本性，并让这一内在本性充分实现出来，人才可能拥有真正属于自己的东西。

死后仍有所遗存，并随时间的延伸逐渐地消散，而这一消散显然不是化为乌有，而是以别的形式重新进入没有片刻息止的气化流行当中；而禀受自天的内在本性，原本就是天地鼓动万物的生生之意的体现 ① ，并不因个体生命的存没而有所增损；至于以个体自我为核心的那些"独见独闻"的私心小智，本就源出于自我的幻相，从来也不是什么真实的存在，就更谈不上什么寂灭了。由此，张载成功地建构起了"存，吾顺事；没，吾宁也"这一真正儒家意义上的生死观，以之安顿个体的生死，为对治二氏的生活方式和态度奠定了坚实的基础。

---

① 张载也强调天地生生之道："大抵言'天地之心'者，天地之大德曰生，则以生物为本者，乃天地之心也。"(《张载集》，第 113 页）而这一天地生生之道，在张载的哲学话语里，更多情况下是用"鼓万物"来表达的："天地则何意于仁？鼓万物而已。"(《张载集》，第 189 页）

第三章　神与化

在前一章中我们已经清楚地看到，在张载的哲学中，虚与气构成了实存世界的内容，充盈于天地之间的无非是缊缊不息的虚气循环。然而，虚与气这"两体"，其实都是贯通于气化过程始终的"一物"的印痕和残迹。而这贯通"两体"的"一物"，其实就是超越性的神化作用。而这一根源性的神化作用也就为张载的气体论体系的价值安顿问题提供了解决方法。

一　论　化

变与化的关系，在张载的相关论述中最为触目。然而，如不能从整体上来把握这一关系，则极易产生误读。《正蒙·神化篇》曰：

"变则化"，由粗入精也；"化而裁之谓之变"，以著显
微也。①

初看起来，变和化分别对应于两种不同的运动，变是显著的运
动，而化则是渐进而微细的运动。单就这一条材料说，这样的
解读是说得通的。但我们仍需做进一步的疏解，才能更恰当地
与张载的其他讨论形成互释。所谓"化而裁之"，首先是指将化
的过程裁断为一个个的阶段。《正蒙·天道篇》云："'化而裁
之存乎变'，存四时之变，则周岁之化可裁；存昼夜之变，则百
刻之化可裁。"② 意即周岁之化，可裁断为春夏秋冬四个变动的
阶段；一日百刻之化，则可裁断为昼夜两个变动的阶段。又《正
蒙·三十篇》云："常人之学，日益而不自知也。仲尼学行、
习察异于他人，故自十五至于七十，化而裁之，其进德之盛者
与！"③ 这里，"化而裁之"成了孔子对自己进德阶段的裁断。
由此可见，变是对化的过程人为裁断的结果，而之所以要"裁
之"，目的在于通过所划分的不同阶段之间的显著变动，来彰显
难以察觉的化的过程。因此，严格说来，是不能说有变和化两
种运动的，变和化只是某种人为的分别。而"'变则化'，由粗

---

① 《正蒙·神化篇》，《张载集》，第 16 页。
② 《正蒙·天道篇》，《张载集》，第 14 页。
③ 《正蒙·三十篇》，《张载集》，第 40 页。

入精也"的具体意指，似当与"体正则不待矫而弘，未正必矫，矫而得中，然后可大。故致曲于诚者，必变而后化"① 一条合观。这里，"致曲"即是"矫"体之不正以归于正的过程，矫正之后才可以达到弘大的阶次，而到此阶次才谈得上"化"。张载屡云："大可为也，大而化不可为也。"② 而所谓"粗""精"，指的应该就是"可为"与"不可为"。在张载看来，"大人之事，修而可至，化则不可加功，加功则是助长"，"粗"指的是有阶次可循的"修而可至"的阶段，而"精"则是"圣人之至若天之不可阶而升"的阶段。③ 总的说来，《正蒙·神化篇》这条材料更多地是在谈个人进德的途程。

在进德的途程中，变是不可以轻易说的：

> 学未至而好语变者，必知终有患。盖变不可轻议，若骤然语变，则知操术已不正。④

很可能一个人终生努力，其进德的程度也未能达至一变。《横渠易说》解《革》卦"大人虎变""君子豹变"时说："若颜子变

---

① 《正蒙·中和篇》，《张载集》，第27页。
② 《正蒙·神化篇》，《张载集》，第17页。
③ 《横渠易说·乾》，《张载集》，第76—77页。
④ 《经学理窟·义理》，《张载集》，第271页。

则必大变，即大人虎变，虎变则其文至也，如此则不待占而有信。……颜子地位，于豹变已为衰就，未必肯于此发见，此所以如愚。"①颜子为学亦未至于成变，其原因在于颜子早已在"君子"这一阶次之上，非至"大人"阶次无以成变。而对于众人来说，则需先"豹变"而成君子。

虽然前述材料大抵就成德言变化，但不是说其中的变化与本体论上所说的变化判然两分：

> 云行雨施，散而无不之也，言乾发挥遍被于六十四卦，各使成象。变，言其著；化，言其渐。万物皆始，故性命之各正。②

六十四卦之种种法象皆乾之作用的发挥，而变和化指称的都是乾"云行雨施，散而无不之"的过程。从"言其著""言其渐"这样的表达看，变和化只是对同一过程的不同面相的凸显。实际上，宇宙间的动态过程只是渐进的化，显著的变只是化的结果，是对化的人为的把握。张载云："雷霆感动虽速，然其所由来亦渐尔。能穷神化所从来，德之盛者与。"③又云："《易》言

---

① 《横渠易说·革》，《张载集》，第153页。
② 《横渠易说·乾》，《张载集》，第70页。
③ 《正蒙·参两篇》，《张载集》，第12页。

'感而遂通'者，盖语神也。虽指暴者谓之神。然暴亦固有渐，是亦化也。"① 无论是雷霆，还是神的"感而遂通"，都由渐变而来，因此，严格说来，都属于化，变只是人为的"约裁而指别"的结果："乾坤交通，因约裁其化而指别之，则名体各殊，故谓之变。"②

天道之化是无有不当的：

天道四时行，百物生，无非至教。③

而一旦有人的因素掺杂其间，人的作为是有可能"过天地之化"的。④

与"天之化"相应的恰当的"人之化"，其特点在于"顺"：

天之化也运诸气，人之化也顺夫时。⑤

---

①　《横渠易说·系辞上》，《张载集》，第 201 页。
②　同上书，第 206—207 页。
③　《正蒙·天道篇》，《张载集》，第 13 页。
④　《正蒙·诚明篇》，《张载集》，第 22 页。"过化"在张载的哲学话语中是正面的表达，但"过天地之化"与"过化"显然是不同的："过天地之化，不善反者也。"
⑤　《正蒙·神化篇》，《张载集》，第 16 页。

所谓"神不可致思，存焉可也；化不可助长，顺焉可也"①。不能做到"存神过化"，则要么是"过天地之化"的助长，要么是"徇物丧心，人化物而灭天理"②，即在欲望中为物所役，从而泯没了自己的本性。这两种倾向或过或不及，皆未达中道。

因为化总是渐进的，故而"难知""难见"。③

二　论　神

牟宗三指出："鬼神之神不能视作即是太虚神体之神。"④"太虚神体"这一表达为牟氏自创，意在将太虚与神等同，从而立太虚与气相即不离之论。然而在张载的哲学论述中，太虚无形而有象，神则清通而不可象，这分明是两个层次，不可混为一谈。因此，"太虚神体"这一表达本身，已经背离了张载的本旨。撇开这一表达不谈，牟氏所强调的应当是"鬼神"并举时的神与"天道神化"之神的不同。这一论点即使成立，也仍有

① 　《正蒙·神化篇》，《张载集》，第17页。
② 　同上书，第18页。
③ 　对于这个问题，张载的论述并不一贯。他一方面讲，"化为难知"（《正蒙·神化篇》）；另一方面又说"化不可言难知，可以言难见，如日景之行则可知之，其所以行则难见也"（《横渠易说·系辞下》）。当然，这很可能是用词的问题。"化为难知"中的"难知"当是难以察知之意，是将"难见"的意思含括在内的。
④ 　牟宗三：《心体与性体》，第409页。

进一步分疏的必要。

牟氏借以立论的材料出自《正蒙·太和篇》：

> 鬼神者，二气之良能也。圣者，至诚得天之谓；神者，太虚妙应之目。凡天地法象，皆神化之糟粕尔。天道不穷，寒暑也。众动不穷，屈伸也。鬼神之实，不越二端而已矣。两不立则一不可见，一不可见则两之用息。两体者，虚实也，动静也，聚散也，清浊也，其究一而已。[①]

从表面上看，这里"鬼神"与"神"分说，似乎表明了二者的不同。但我们必须注意到，"神者，太虚妙应之目"之前的一句话以"圣"为主题，由此可知，这句话是就人道立言的。《正蒙·神化篇》云："圣不可知谓神，庄生缪妄，又谓有神人焉。"[②]由此可知，神是圣的"妙应无穷"的作用，不能在圣人之外，别立神人一目。仅从这条材料看，我们显然不能得出"鬼神"之神与神化之神不同的结论来。牟氏借以立论的"鬼神之实，不越二端而已"，也只能在他所谓的"滞辞"[③]，即"鬼神者，

---

① 《正蒙·太和篇》，《张载集》，第9页。

② 《正蒙·神化篇》，《张载集》，第18页。

③ 牟宗三在《心体与性体》中每以所谓"滞辞"立言，这种做法不是要依某一思想原本的脉络加以诠释和展开，倒似要教导古人应该如何道说。正是这种缺乏自觉的高调姿态，造成牟氏对先儒的见解多有偏失，往往不可据信。

二气之良能也"的背景下来理解：二者都指向对传统的鬼神观念做某种理性化的解释。

鬼神为二气之良能。我们是否可以将其理解为，鬼神是阴阳二气的属性呢？在这样的理解中，阴阳二气是否被不恰当地实体化为某种质料性的存在了呢？张载在解说《系辞下》"夫乾，天下之至健也""夫坤，天下之至顺也"这一句话时说：

> 太虚之气，阴阳一物也，然而有两体，健顺而已。亦不可谓天无意，阳之意健，不尔何以发散和一？阴之性常顺，然而地体重浊，不能随则不能顺，少不顺即有变矣。有变则有象。如乾健坤顺，有此气则有此象可得而言；若无则直无而已，谓之何而可？是无可得名。故形而上者，得辞斯得象，但于不形中得以措辞者，已是得象可状也。今雷风有动之象，须得天为健，虽未尝见，然而成象，故以天道言；及其法也则是效也，效著则是成形，成形则地道也。若以耳目所及求理，则安得尽！如言寂然湛然亦须有此象。有气方有象，虽未形，不害象在其中。①

这一段材料清楚地讲明了由太虚之气进而为象为形的过程。太

---

① 《横渠易说·系辞下》，《张载集》，第231页。

虚之气，阴阳本无分别，只有健顺"两体"。张载释《乾卦》
"乾。元亨利贞"曰："不曰天地而曰乾坤，言天地则有体，言
乾坤则无形，故性也者，虽乾坤亦在其中。"[1] 从这一论述看，
上文中的"两体"显然不能理解为形体。又《正蒙·诚明篇》云：
"未尝无之谓体，体之谓性。"这样一来，所谓有健顺两体，实
际上是在说有健顺二性。而阳之健使"发散和一"成为可能，
而阴之顺则是随顺阳之健的"发散和一"。阳之健是主导性的，
而阴之顺则是从属性的。而一旦稍有不随不顺之处，则"变"
生。而"变"则是雷风之象乃至效著成形的开端。这里，张载
并不强调质料意味上的阴阳二气，而更多地强调二者所指称的
作用。而阴阳二气如果是指天地间的两种作用，那么，作为二
气之良能的鬼神，实际上也就可以视为这两种作用的别名。

对于鬼神这两种作用，张载有更为详尽的阐述：

"精气为物，游魂为变"，精气者，自无而有；游魂
者，自有而无。自无而有，神之情也；自有而无，鬼之情
也。自无而有，故显而为物；自有而无，故隐而为变。显
而为物者，神之状也；隐而为变者，鬼之状也。大意不越
有无而已。物虽是实，本自虚来，故谓之神；变是用虚，

---

① 《横渠易说·乾》，《张载集》，第69页。

> 本缘实得，故谓之鬼。此与上所谓神无形而有用，鬼有形而无用，亦相会合。所见如此，后来颇极推阐，亦不出此。[1]

这里，鬼神分别对应着物的自有而无和自无而有。张载曾说："《大易》不言有无，言有无，诸子之陋也。"[2] 而此处却以有无立言。从结尾"后来颇极推阐，亦不出此"一句看，这一段的主要部分应该是横渠早年的文字。"物虽是实，本自虚来，故谓之神"，当然不是说"物"就是神，而是说物从虚而来的过程被称为神。按"形聚为物，形溃反原，反原者，其游魂为变与"[3]来衡量，那么神之情所对应的是形聚为物，鬼之情所对应的则是形溃反原。而"阴性凝聚，阳性发散。阴聚之，阳必散之，其势均散"[4]，这样一来，神就相当于阴，而鬼则对应阳。这与我们一般的感觉正好相反。

　　在鬼神与阴阳的对应关系上，我们不能拘执于上述结论。在张载更成熟的表达中，二者的关系是颇具弹性的：

---

① 《横渠易说·系辞上》，《张载集》，第 183—184 页。
② 同上书，第 182 页。
③ 《正蒙·乾称篇》，《张载集》，第 66 页。
④ 《正蒙·参两篇》，《张载集》，第 12 页。

鬼神，往来、屈伸之义，故天曰神，地曰示，人曰鬼。[①]

由这一条材料我们可以看出，鬼神在张载的哲学话语中可以是更具包容力的概念。前述阳健阴顺的讨论，更多地是着眼于屈伸，而"精气为物，游魂为变"的讨论则着眼于往来。神、示和鬼指称的其实都是往来和屈伸的絪缊不息，只是因不同的存在层面而有称谓上的不同。

由于张载的哲学思想是在对儒家经典，特别是《系辞》和《中庸》的诠释之上建立起来的，因此，在表达自己的理念的同时，还要以之来贯通经典文本的话语系统。而这种贯通经典文本的努力，必然受文本本身语脉的约制。因此，一方面，同样的表述在不同的上下文中会有不同的意义；另一方面，这些不同的意义往往最终又在其根源性的洞见下统合起来。

鬼神、阴阳以及健顺指称的都是絪缊相荡的"两体"，即虚实、动静、聚散、清浊，每一对概念都凸显其某个侧面，而不能穷尽它的全体。"鬼神之实，不越二端而已"，而"有两则有一"，"一"即是牟氏误称为太虚神体的"神"。由此可知，鬼神

---

① 《正蒙·神化篇》，《张载集》，第16页。

之二端既立，则"太极神体"①就已经涵蕴其中了。太极神体之神，与鬼神之神确乎有别，但这一分别的实质还有待考察。正如在天地这一对立中天是主导性的、在阴阳这一对立中阳是主导性的一样，鬼神这一对立中也有起主导作用的一方，那就是神。主导性的方面在保持其作为对立一方存在的同时，又通贯于非主导性的一面，因此，严格说来，贯通对立双方的神，与作为对立一方的神其实并不能截然分判。②

在张载的最高概念中，"神""天"和"易"是互有侧重、互相关联的：

> 天之不测谓神，神而有常谓天。③

天和神共同指称那个最高的形上者，天凸显其"有常"的方面，

---

① "太极神体"一词，是用来校正牟宗三"太虚神体"的表达的。张载云："有两则有一，是太极也"，又云："一故神"，可知太极与神之间的密不可分。这一表达，在张载的思想中，无疑是有其根据的。

② 在另一处，张载又有所谓"天载之神"与"物性之神"的分别："存文王，则知天载之神；存众人，则知物性之神。"（《正蒙·天道篇》，第15页）"天载之神"应该是从"上天之载，无声无臭"一句化出，而"无声无臭"，即是"无感无形"；而"物性之神"当与"客感客形"相应。"天载之神"与"物性之神"固然有别，但对于真正的尽性者，二者又是统一的。同样，作为圣人的文王当然与众人不同，而他与众人的根本区别，又恰在于"同乎人而无我"（《正蒙·至当篇》，第34页）。

③ 《正蒙·天道篇》，《张载集》，第14页。

而神则强调其"不测"的特点。

神与易之间的关联也是如此：

"神无方"，"易无体"，大且一而已尔。[①]

神与易虽是一事，方与体虽是一义，以其不测，故言
无方；以其生生，故言无体。然则易近于化。[②]

这里，神与易也有同样的指向，区别只在侧重点的不同：神强
调的仍是"不测"，神不测，故无方所可寻，有方所就可以测
度；易则强调未尝止息的"生生"，易生生，故无形体可执，有
客形就无从"过化"。这段话中的最后一句"然则易近于化"，
向我们提示出，要想进一步充分把握这些概念之间的内在关
联，就必须对神与化的关系作专题的考察。

三　神与化

神和化是张载哲学话语中的一对核心概念，也是理解张载
哲学建构的关键所在：

---

① 《正蒙·神化篇》，《张载集》，第 15 页。
② 《横渠易说·系辞上》，《张载集》，第 187 页。

> 气有阴阳, 推行有渐为化, 合一不测为神。其在人也, 智义利用, 则神化之事备矣。德盛者, 穷神则智不足道, 知化则义不足云。[①]

化是阴阳二气渐进推行的过程, 神则是二者之间不测的合一。作为神的本质特征的不测, 从直接的表现上看, 是无过程的。

神、化与关于"两一"之间复杂关系的讨论有关:

> 一物两体, 气也; 一故神, (自注: 两在故不测。) 两故化, (自注: 推行于一。) 此天之所以参也。[②]

我们在前面讨论"参两"问题时曾指出, 在张载的思想里, "两一"的复杂关系之所以成立, 首在于"两"在逻辑功能上的优先性, 因为"若一则有两, 有两亦一在, 无两亦一在。然无两则安用一? 不以太极, 空虚而已, 非天参也"[③]。只有在"两在"的基础上, 本一之神才是不测的; 而"两在"又必是不断地向合一推进的, 否则就是僵化孤立的两体, 从而凝滞不化了。这

---

① 《正蒙·神化篇》,《张载集》, 第16页。
② 《正蒙·参两篇》,《张载集》, 第10页。
③ 《横渠易说·说卦》,《张载集》, 第233页。

就是所谓"两不立则一不可见，一不可见则两之用息"①。

在张载的一般论述中，神与化在一种并列的关系中指向物之间不同的关联状态，而这两种不同的关联状态又与"感"的观念联系起来：

> 有所感则化。感亦有不速，难专以化言，感而遂通者神，又难专谓之化也。②

这一则材料在文本上有不可尽通之处。《张载集》的点校者依古逸丛书本《周易系辞精义》在"感亦有"之后增"不速"二字。③这一添加的结果，反倒将"不速"当成了感的特殊状态，这与"化言其渐"正相抵牾，明显不通。而且正如校勘记中所指出的那样，《精义》本作"感亦不速"，无"有"字。一字之差，意义迥别。虽然文本中有不可复原的窜乱，但统观这条材料，其大义还是相当清楚的：感的常态是"不速"，属于渐进的化，但也有感而遂通的神的状态，所以，不能把所有感的效用都归结为渐进的化。这样一来，"化"所描述的就是相对独立的物之间虽"有所感"，却未能因此"感"而达到无碍的清通合一，尚处

---

① 《正蒙·太和篇》，《张载集》，第 9 页。
② 《横渠易说·系辞上》，《张载集》，第 201 页。
③ 参见《张载集》，第 201 页，校勘记［四］。

于渐进地"推行于一"阶段的状态；而"神"则指"感而遂通"的清通合一，张载用人身之四体来比喻这一状态："一故神，譬之人身，四体皆一物，故触之而无不觉，不待心使至此而后觉也，此所谓'感而遂通，不行而至，不疾而速'也。"①

然而，在并列关系中分别指称不同的感通状态的神和化的概念，并不能涵盖张载哲学中所有相关的论述：

> 神，天德；化，天道。德，其体，道，其用，一于气而已。②

在体用关系中，神和化被分置于两个不同的层面。神是本体层面的，而化则是神的作用。这里，化即气化，兼两一而成天之参。化是对宇宙间缊缊不息的生灭过程的实然把握，而神则是其内在根据。化总是处于"两在"之中，总是在"推行于一"的过程里，而这一过程是不会终结的；神则是两体的"本一"，而正是因为两体的"本一"，故能合能感，从而能"推行于一"。神是天下所有变化的内在根源："惟神为能变化，以其一天下之动也。人能知变化之道，其必知神之为也。"③

---

① 《横渠易说·系辞上》，《张载集》，第 201 页。
② 《正蒙·神化篇》，《张载集》，第 15 页。
③ 《正蒙·神化篇》，《张载集》，第 18 页。

张载又将神化与《中庸》的"至诚无息"联系起来：

> 至诚，天性也；不息，天命也。人能至诚则性尽而神可
> 穷矣，不息则命行而化可知矣。学未至知化，非真得也。[①]

神对应的是至诚和天性，而化则对应不息和天命。穷神即是尽
性，从而达到至诚如天的阶次。至诚不动，而"唯天下至诚为
能化"（《中庸》），而这一至诚之化，张载称之为"神而化"，
即所谓"'不动而变'，神而化也"[②]。

四　神化与虚实

与太虚和气的关系同样，历来的研究对于神化的关系也殊
多误解。而且，这些误解又往往相互关联。我们在前面曾特别
指出牟宗三"太虚神体"这一表达对张载哲学的误解。由于牟
氏将太虚与神在同一层次上等同起来，这使得他不仅错解了虚
与气的关系，也影响了他对神化这一关键范畴的理解。晚近出
版的张载哲学研究的专著——《虚气相即》一书受牟氏影响甚

---

① 《正蒙·乾称篇》，《张载集》，第63页。
② 《正蒙·天道篇》，《张载集》，第14页。

巨，在对相关问题的分析上，也完整地秉承了牟氏的误解：

> 张载论神最多，……显然，要在这诸多的"神"中概括出一条普遍适应的定义是比较难的。不过，我们仍可以作出以下分析：从提出角度来看，有的是实体义的神，有的是作用义的神；有的是从太虚角度提出的神，有的则是从气的角度提出的神。显然，所谓从气的角度提出的神正是作用义的神，而从太虚角度提出的神则是实体之神。如果再进一步归类，那么，作用义的神正是实体之神的气化表现，或者说张载正是着眼于太虚在气化中的表现才提出神这一概念的，因为神本身是无方体的。这样，结合"天德"的规定以及与"用"对应的"体"来看，神也就应当是太虚本体的气化表现或"妙应之目"；就其自体而言，也可以说就是太虚本体之"清通而不可象"自身。①

对于这一段论述，首先要指出的是其方法论上的问题。从张载众多关于神的论述中，概括出一个普适的神的概念，当然既无必要，也无可能。但在具体语境中明确张载哲学话语中各种神

---

① 丁为祥：《虚气相即——张载哲学体系及其定位》，人民出版社，2000年12月，第83页。

的用法，则是绝对必要的。离开了细致的文本解读和分疏，有
关张载哲学的种种讨论也就只能停留在语焉不详的程度上了。
而这一语焉不详在该书的这一段关键论述中有充分的体现。如
说"神也就应当是太虚本体的气化表现或'妙应之目'"，这一
论述显然是以《正蒙·太和篇》的"神者，太虚妙应之目"为
根据的。但正如我们前面指出的那样，将此处的"太虚"读为
太虚本体，进而将这句话理解为本体论命题，是一种典型的误
读。《太和篇》这句话的前一句是"圣者，至诚得天之谓"，这
两句话紧密关联，都是就人道立言的。这里所说的"太虚"，是
指圣人不囿于闻见的虚明妙应之心。其次，就具体的结论看，
由于没有注意到张载哲学中有形、无形而有象以及"清通而不
可象"这三个层次的分别，而将无形而有象的"虚空"或"太虚"
与"不可象"的神体混为一谈了。

　　虚实是并立的两体：

　　　　两体者，虚实也，动静也，聚散也，清浊也，其究一
　　而已。①

这里，我们显然不能将虚与实的关系理解为相即不离的体用关

---

① 《正蒙·太和篇》，《张载集》，第9页。

系。宇宙间既有相对独立的太虚之气，也有太虚之气凝聚而成的有形有质的"万物形色"。

太虚固是气的本然之体，同时也是缊缊不息的气化过程的一个过渡的阶段：

> 至虚之实，实而不固；至静之动，动而不穷。实而不
> 固，则一而散；动而不穷，则往且来。[1]

太虚是真实的存在，这一真实的存在并不凝固僵化，而是"一而散"的。这里的"散"，当读作"散殊而可象"之散，是指作为一的太虚散裂区别为具体的万物形象。《正蒙·太和篇》中被广为征引的"太虚无形，气之本体，其聚其散，变化之客形尔"，其实是强调聚散皆"客"的，也就是说，聚散都只是气化的暂时的状态。

只有在这一讨论的基础上，我们才能更为准确地理解下面这一重要论述：

> 凡天地法象，皆神化之糟粕尔。[2]

---

①　《正蒙·乾称篇》，《张载集》，第64页。
②　《正蒙·太和篇》，《张载集》，第9页。

在张载的哲学话语中，法、形和效与象、性构成两组相对的范畴。以天地法象为糟粕，则性也在糟粕之列了。由此，张载凸显了神化的至真至精。而正是至真至精的神与化，才使得法象、形性不至沦为构成宇宙的"质料性"的存在。换言之，在张载看来，如果我们仅仅看到法象、形性之间静态的对立状态，而没有看到贯穿其间的神化作用，那么，即使性与象这一层面的形上者，也会沦为僵死粗质的糟粕。而这也正是"不如野马、缊缊，不足谓之太和"这一论述的重心所在。

当然，将太虚与神等同起来，在张载的论述中似乎也可以找到根据：

> 太虚为清，清则无碍，无碍故神；反清为浊，浊则碍，碍则形。[①]

但如细加解析，则会发现，这里所讲的神，实际上是着眼于"感而遂通"这一物之间的关联状态的，是与"碍则形"的感而未通的关联状态相对的。这显然可以归入并列关系的神化概念。而太虚与这样的神等同，倒恰恰证明了太虚与形是并立的两种存在样态。

---

① 《正蒙·太和篇》，《张载集》，第9页。

五　小　结

牟宗三对张载的具体理解一直囿于他对张载哲学的整体判断："然圆融之故极，常不能令人无滞塞之解，而横渠之措辞亦常不能无令人生误解之滞辞。当时有二程之误解，稍后有朱子之起误解，而近人又误解为唯气论。然细会其意，并衡诸儒家天道性命之至论，横渠决非唯气论，亦而非误以形而下为而上者。误解自是误解，故须善会以定之也。"[①]他将"太虚即气"解释为太虚与气相即不离，即是承这一理路而来。

而所谓"气"，在牟氏看来，即是构成宇宙的质料："此则仍是属于气之观念，材质之观念（material），而不能说是神。"[②]这里特别用英文material强调出对气的质料性的理解，同时也暗含着亚里士多德的质料因（material cause）这一理解背景。牟氏晚年曾于香港新亚研究所讲授亚里士多德四因说，并以之"论衡"中国哲学。[③]而质料，"其基本涵义为未定形的材料"[④]，"被设定为被动者"[⑤]。如果气只能在这个意义上来理解，那么

---

① 　牟宗三:《心体与性体》，第 403 页。

② 　同上。

③ 　牟宗三:《四因说演讲录》，上海古籍出版社，1998 年 6 月。

④ 　亚里士多德:《形而上学》，"译后记"，商务印书馆，1991 年 12 月，第 376 页。

⑤ 　黑格尔:《哲学史讲演录》，第二卷，商务印书馆，1995 年 4 月，第 296 页。

牟氏以为张载"非唯气论"是不无道理的。然而事实上，张载哲学中的气显然不能理解为未定形的、被动的质料因。作为"野马""缊缊"的气本身就包含"纯粹的、本质的活动性"[1]。作为纯粹质料的气，显然无法安顿价值，我们的仁爱本性就并不根源于肉身构成质料的同质性，就如沙土并不因构成成分的相同而有关爱的能力一样。但具有本质的活动性的气，则有可能为道德性的善奠立根基。[2]

如果严格以亚里士多德的四因说来衡度横渠的气本论，我们会发现，"一物两体"的气化之道主要强调了动力因和质料因。与此对照，亚里士多德的四因说，则主要强调的是形式因和质料因。在亚里士多德那里，动力因和目的因是可以归结为形式因的。而他所说的形式，则根源于柏拉图的理念。陈康先生认为"理念"这种译法不妥，而主张译为"相"。他指出："$i\delta\epsilon\tilde{\imath}\nu$ 的意义是'看'。由它所产生出的名词即指所看的。所看的是形状，……但这只是外形，由此复转指内部的性质。……中文里的字可译这外表形状的是'形'和'相'。但'形'太偏

---

① 黑格尔：《哲学史讲演录》，第二卷，第 296 页。

② 张载的气本论思想，经由明代气论思想的发展，到王船山那里形成明确的气善论的哲学表达。当然，张载由气本而确立道德价值的路向，与船山并不相同。有关船山的气善论，参见陈来：《诠释与重建：王船山的哲学精神》，北京大学出版社，2004 年 11 月。

于几何形状，'相'即无此弊病；又'形'的意义太板，不易流
动，'相'又无这毛病。"①这里，我们可以清楚地看到，柏拉
图的理念以及亚里士多德的形式与物的外观形象之间的密切关
联。又质料与形式的分别，在亚里士多德那里，同时又是潜能
和现实的分别："一个事物成长以后，它就实现了它的意义、目
的或形式。形式是它的真正的存在，它的实现或完成。……物
质（质料）采取形式。例如，橡子变成橡树，橡子是潜在的橡
树，橡树是它的潜能性的实现，是被变得明显、实在和现实的
形式。因此，亚里士多德把物质（质料）称为可能性的元质，
形式为实在或现实性的元质。"②换言之，在亚里士多德那里，
质料获得形式（包括可见的外形）是其自我实现的过程。而这
样的实现过程，只有内在于一个指向终极善因的目的论框架
内，才能获得道德上的价值和意义。与此相比，在张载的气论
中"形"并不具有任何优先的地位。"形聚为物"与"形溃反
原"在实质上并无等级上的高下之别，"形聚""形散"都是自
我实现，是自我实现不可或缺的两个环节："散入无形，适得吾
体；聚为有象，不失吾常"。当然，也不能将"形"视为某种缺
陷，必待无形而后有清通之神。如果拘滞于一偏，则聚散、虚

---

① 陈康：《巴曼尼得斯篇译注》，商务印书馆，1982 年 8 月，第 41 页。
② 梯利：《西方哲学史》，商务印书馆，1995 年 7 月，第 87 页。

实皆客；只有兼体无累，才能既不"往而不反"，又不"物而不化"。在张载这里，道德上的价值首先在于对执滞于"客形"的超越：一方面，要不为客形所拘蔽，从而体贴到自己与他人乃至万物之间的感通一体，从而在对他者的关切中，成就道德的人生；另一方面，要看到客形的暂寄性质，从而不恋生畏死。当然，客形的暂寄性质并不意味着不真实，不能以此为依据幻化人生。而对于"客形"的超越之所以可能，则在于通贯虚实、清浊的太极之神。

神鼓天下之动，可以视为动力因。而天下之动，无非是屈（形散）伸（形聚）以及屈伸之间的相感。在这个意义上，客寄的"天地法象"，皆"神化之糟粕"。虚实皆客，都不过是天道神化的阶段。无论是有形之气，还是太虚之气，都贯通和体现着神化的不息的作用，因此，如果能正确地体察，就会发现其实它们都是神化作用的体现。正是在这个意义上，"糟粕煨烬，无非教也"这一论断，才有了具体的指向：正因为"天地法象"都是神化作用的体现，所以，即使是最物质化的层面，也有精神和价值贯注其中。[1] 当然，蕴涵在神化概念中的价值系统，还有待于我们在后面的讨论中详尽阐发。

---

[1] 《正蒙·太和篇》，《张载集》，第 8 页。

第四章 太 和

　　在张载的哲学话语中，"太和"是一个极为触目的语汇。这当然与《正蒙》开篇即讲"太和所谓道"不无关联。然而，如果我们细心翻检其著述，我们至少会对这个语汇在张载哲学中的重要性有所保留。因为在整个《张载集》中，"太和"这个词只出现了不到十次，而且多数是在解释《易经》中的"保合太和"这句话。这种出现频率，与其他的重要概念，如"虚""气""神""化""性""命""诚""理"等，相去甚远。但如果因此忽视了这个语汇对理解张载哲学的基本气质和倾向的重要性，则会从根本上错失对其哲学作整体把握的立足点。在本书的论述中，"太和"不是作为结构性的哲学范畴，而是作为从整体上标划张载哲学实质的概念来使用的。

一　理

尽管与二程相比，理或天理在张载的哲学体系中没有那样突出的地位，但北宋道学展开的基本氛围和对话关系，决定了这个概念对于理解张载的哲学思想有着同样不容忽视的重要性。

张载强调"万物皆有理"①，而万物之理就体现在聚散攻取、细缊不息的气化过程当中：

> 天地之气，虽聚散、攻取百涂，然其为理也顺而不妄。②

这里，"顺而不妄"是一个值得深味的表达。通过这个表达，理与张载哲学中的另一重要概念——"诚"关联起来。在张载那里，理不是一个客观的实体性存在，而是气化过程中固有的秩序。

天理不是什么玄妙的东西，所有人都能明了且都能赞同的道理就是天理：

---

① 《语录中》，《张载集》，第 321 页。
② 《正蒙·太和篇》，《张载集》，第 7 页。

　　大抵天道不可得而见，惟占之于民，人所悦则天必悦
之，所恶则天必恶之。只为人心至公也，至众也。民虽至
愚无知，惟于私己然后昏而不明，至于事不干碍处则自是
公明。大抵众所向者必是理也，理则天道存焉，故欲知天
者，占之于人可也。①

　　天无心，心都在人之心。一人私见固不足尽，至于众
人之心同一则却是义理，总之则却是天。故曰天曰帝者，
皆民之情然也。②

天理的客观性就体现在它的公共性和普遍性当中。人之所以有
时候会看不见义理之所在，其根本原因还是私欲的障蔽。

　　究竟是依客观的天理来观照世界，还是从一己之私上起
见，其结果是迥乎不同的：

　　烛天理如向明，万象无所隐；穷人欲如专顾影间，区
区于一物之中尔。③

---

　　①　《经学理窟·诗书》，《张载集》，第256—257页。
　　②　同上书，第256页。上面引用的这两段文字，从其直接的上下文看，似
乎完全是对《尚书》的诠释和发挥。但如果深入体味，则可发现，它们其实也是
在间接地解释孟子对《尚书》"天视自我民视，天听自我民听"这一重要论说的强调。
　　③　《正蒙·大心篇》，《张载集》，第26页。

人当平物我，合内外，如是以身鉴物便偏见，以天理
中鉴则人与己皆见，犹持镜在此，但可鉴彼，于己莫能见
也，以镜居中则尽照。只为天理常在，身与物均见，则自
不私，己亦是一物，人常脱去己身则自明。①

这两段论说很容易让我们联想起柏拉图的"洞穴说"来。面向
天理如同置身于阳光之下，不仅可以清楚地看到自己，也能深
刻全面地理解他人；而从个人的私欲上起见，则如同陷身于洞
穴之一隅，只能看到似是而非的幻相。

天理在张载那里，不是一般性的抽象原则，而是蕴涵于具
体的时势和情境中的当然或应然：

"在帝左右"，察天理而左右也，天理者时义而已。②

蕴涵于具体时势中的当然之则，在张载的哲学中，有时也被表
述为"理势"这一概念："理势既变，不能与时顺通，非尽利之
道。"③ 这里，"时义"和"理势"所要表达的，其实就是处境
中的应然。

---

① 《经学理窟·学大原下》，《张载集》，第 285 页。
② 《正蒙·诚明篇》，《张载集》，第 23 页。
③ 《横渠易说·系辞上》，《张载集》，第 205 页。

而在张载的哲学里，应然与实然之间，是并无分断的。应然与实然的同一，是理解张载哲学的基本倾向的一把钥匙：

> 天理一贯，则无意、必、固、我之凿。意、必、固、我，一物存焉，非诚也；四者尽去，则直养而无害矣。①

在这一论述中，天理与诚的关联是相当直接的。而诚所对应的即是实然——世界最真实的本相。天理在根本上就是对世界最真实的洞察和理解。偏离天理的妄见以及由此引生出的种种后果，在本质上都是不真实的。比如，人对生的留恋和对死的恐惧，即是出于一己之私的伪妄。这些伪妄不真的存在，尽管很多时候显得极为真切和现实，但最终都将被气化流行的真实进程所淘尽。只有真正认识到"散入无形，适得吾体；聚为有象，不失吾常"的真谛，并由此抱持"存，吾顺事；没，吾宁也"的达观态度，我们才能真正尽己所能去参赞化育，将个体的有限生命融入天地间真实无息的生生之意当中。

---

① 《正蒙·中正篇》，《张载集》，第 28 页。

二　诚

《中庸》在张载思想形成中的关键作用，可以透过他对年轻时谒见范仲淹的那段经历的自我回溯和强调清楚地看到。[①] 而《中庸》对张载思想的组建性作用，则主要体现在他对《中庸》的核心概念 "诚" 的阐释和发挥当中。

在张载哲学的具体语境中，"诚" 的具体用法颇为复杂。其中既有专言天道的，亦有主于人事的。但概括起来，可以归纳为如下四种：其一，诚是天道之实质，或世界的真实本相；其二，诚是理解和看待事物的正确态度，以及由此正确态度而来

---

① 据吕大临《横渠先生行状》载："当康定用兵时，年十八，慨然以功名自许，上书谒范文正公。公一见知其远器，欲成就之，乃责之曰：'儒者自有名教，何事于兵！'因劝读《中庸》。"（《张载集》，第 381 页）以二人间年辈地位之悬殊，此事当出自张载之自述。《张载集》中现存《庆州大顺城记》一篇，所记之事即范仲淹在庆州修筑大顺城并击退来犯之敌的事迹。按《续资治通鉴长编》，范仲淹修筑大顺城是在庆历二年三月，则张载谒见范文正公当在此前后。因此，《行状》中的 "年十八" 有误，应依《宋史》作 "年二十一"。范仲淹劝张载读《中庸》，很可能并无深意。因为从仁宗初年开始，对于新及第的进士已经由太宗朝的赐《儒行篇》改为赐《中庸》了；而范仲淹在参加礼部考试时所赋文章的题目亦出自《中庸》（参见余英时：《朱熹的历史世界》，第 87—88 页）。因此，范仲淹劝张载读《中庸》，与其说是一种思想方向的启迪，毋宁是让他专注于科举正途的一种规劝。当然，无论范仲淹的本意如何，张载对这一经历的自我理解对于他后来的思想道路的形成都产生了至为关键的影响。

的对事物的真实理解；其三，诚是一种极高的道德境界；①其四，诚也是修身进德的践履之方②。本章要着重讨论的是前两层涵义。

天道的实质是真实无妄的，也就是诚：

> 天所以长久不已之道，乃所谓诚。③

如果细加品味，则可发现这一句话其实是对《中庸》第二十六章的"至诚无息，不息则久"一节的阐释和发挥。真实和无息（或不已）是天道的本质。而且两者是相互关联、互为条件的。

对于《中庸》第二十五章的"不诚无物"，张载给出了颇具本体论意味的解释：

> 诚有是物，则有终有始；伪实不有，何终始之有！故曰"不诚无物"。④

---

① 　如《正蒙·乾称篇》云："至诚，天性也；不息，天命也。人能至诚则性尽而神可穷矣，不息则命行而化可知矣。学未至知化，非真得也。"（《张载集》，第 63 页）

② 　如《正蒙·诚明篇》云："仁人孝子所以事天诚身，不过不已于仁孝而已。故君子诚之为贵。"（《张载集》，第 21 页）

③ 　《正蒙·诚明篇》，《张载集》，第 21 页。

④ 　同上。

也就是说，只有真实的，才是存在的。伪妄之物，实质上并不
存在，所以也就无终始可言。换言之，真伪之辨其实就是存在
与否的分别。

然而，真实跟伪妄的分判原则又是什么呢？张载对这个问
题的回答与他对天理的理解是密切相关的：

> 独见独闻，虽小异，怪也，出于疾与妄也；共见共闻，
> 虽大异，诚也，出阴阳之正也。①

即使再怪异的事情，只要是人们共见共闻的，也就是真实的；
即使再寻常不过的事情，若出于一己之独见独闻，亦属伪妄：
"物怪，众见之即是理也，神也，偏见之者非病即伪。岂有有
一物有不见者有见者？偏见者即病也，人心病则耳目亦病。今
日月之明，神也，谁有不见者？又如殒石于宋，是昔无今有，
分明在地上皆见之，此是理也。"②

真实发生的一切，无论是富贵福泽，还是贫贱忧戚，都是
合乎天理的。如果我们能以最饱满的心灵去肯认这一切，去承
担这一切，那么无论现实的际遇如何，在本质上都是"顺理而
利"的；反之，则是"不循理而害"：

---

① 《正蒙·动物篇》，《张载集》，第 20 页。
② 《语录上》，《张载集》，第 314 页。

"屈信相感而利生"，感以诚也；"情伪相感而利害生"，杂以伪也。至诚则顺理而利，伪则不循理而害。顺性命之理，则所谓吉凶，莫非正也；逆理则凶为自取，吉其险幸也。[①]

真正有益的东西必定源出于诚。在解释《系辞下》"益长裕而不设"这句话时，张载写道："'益长裕而不设'，益以实也。妄加以不诚之益，非益也。益必实为有益，如天之生物，长必裕之，非虚设也。"[②]

然而，人们常常因为无根据的利益，或者没来由的恐惧，而妄动妄为：

今人过忧盗贼祸难，妄动避之，多致自伤者，又祸未必然而自祸者，此恶溺而投河之类也。[③]

尽管人们妄动的根据出于伪妄，但产生出的后果却是真实的。

释氏对于真际或实际的强调，正与儒家所说的诚暗合。然而，由此真际或实际的概念出发，却导出了否定世界的真实存

① 《正蒙·诚明篇》，《张载集》，第 24 页。
② 《横渠易说·系辞下》，《张载集》，第 228 页。
③ 《语录上》，《张载集》，第 313 页。

在的错误结论：

> 释氏语实际，乃知道者所谓诚也，天德也。其语到实际，则以人生为幻妄，以有为为疣赘，以世界为荫浊，遂厌而不有，遗而弗存。就使得之，乃诚而恶明者也。儒者则因明致诚，因诚致明，故天人合一，致学而可以成圣，得天而未始遗人，《易》所谓不遗、不流、不过者也。彼语虽似是，观其发本要归，与吾儒二本殊归矣。道一而已，此是则彼非，此非则彼是，固不当同日而语。其言流遁失守，穷大则淫，推行则诐，致曲则邪，求之一卷之中，此弊数数有之。大率知昼夜阴阳则能知性命，能知性命则能知圣人，知鬼神。彼欲直语太虚，不以昼夜、阴阳累其心，则是未始见易，未始见易，则欲免阴阳、昼夜之累，末由也已。易且不见，又乌能更语真际！舍真际而谈鬼神，妄也。所谓实际，彼徒能语之而已，未始心解也。[1]

与儒家"因明致诚，因诚致明"的进路不同，释氏"诚而恶明"。在张载看来，佛家对于真际或实际的理解似是而非，如果用孟

---

[1] 《正蒙·乾称篇》，《张载集》，第 65 页。

子的标准来衡量，皆属于"遁""淫""诐""邪"之辞。释氏仅仅看到太虚的真实无妄，而以昼夜、阴阳为幻相、为挂累，这与儒家的兼体无累之诚，是有着本质区别的。

三　道

在张载的哲学中，道有两种基本的用法：其一是用于指涉宇宙气化的实然过程的整体；其二则是在与器相对的形上层面使用的。

作为宇宙气化的实然过程的道，在张载的哲学里又被标划为"太和"。这里，"太和"强调的其实就是细缊不息的实然气化过程的浑沦无分：

> 太和所谓道，中涵浮沉、升降、动静、相感之性，是生细缊、相荡、胜负、屈伸之始。其来也几微易简，其究也广大坚固。起知于易者乾乎！效法于简者坤乎！散殊而可象为气，清通而不可象为神。不如野马、细缊，不足谓之太和。语道者知此，谓之知道；学《易》者见此，谓之见《易》。不如是，虽周公才美，其智不足称也已。①

---

① 《正蒙·太和篇》，《张载集》，第7页。

如果不从哲学的分析的角度看，则宇宙间存在的就只有这一真实无妄的气化过程。而"乾""坤""气""神"等等，无非是从不同角度对这一实然过程的分析性的把握。只有洞见到这一气化的整体，才可能真正地"知道""见《易》"。

世间万物虽然复杂多样，但无论怎样孤立地存有，也总是处在感通的过程当中。而感通也就是分立的个别存在关联为一的过程，是对立面被扬弃从而通贯为一的过程：

> 惟屈伸、动静、终始之能一也，故所以妙万物而谓之神，通万物而谓之道，体万物而谓之性。①

正因为屈伸、动静、终始等对立面在本质上是可以贯通为一的，所以我们才能在复杂多样的万物间发现某种统一的实体性存在。而这一实体性存在又是本质上无法命名的。只能从其对万物的作用和功能中，给出相应的指"谓"来。此处的"谓之"这一表述，又一次体现出了王弼的某些影响。所谓"通万物"，不仅是指万物之间的关联和感通，同时也是每一个别的存在完成和实现自身的必由之路："道，行也，所行即是道。"②而这

---

① 《正蒙·乾称篇》，《张载集》，第63—64页。
② 《横渠易说·乾》，《张载集》，第71页。

必由之路其实就是"理"："循天下之理之谓道。"①

　　作为"通万物"者，道属于形而上的层面："运于无形之谓道，形而下者不足以言之。"②然而正如我们前面讨论过的，张载对形上与形下的区别有其独特的理解：

　　　　"形而上者"是无形体者，故形而上者谓之道也；"形而下者"是有形体者，故形而下者谓之器。无形迹者即道也，如大德敦化是也；有形迹者即器也，见于事实即礼义是也。③

而这里所谓的"无形体"，固然是在指道没有任何具体的感性特征，但更多地其实是在强调道是超越于具体的有形存在之外的功能和作用。也就是说，道是不会被局限和拘蔽在具体的存在者当中的："一阴一阳不可以形器拘，故谓之道。"④

　　与器相对的道，其实就是气化过程的整体当中不可以"形器拘"的真实无妄的作用。个别的具体存在可以消亡，但这一真实无妄的作用却是没有止息的。

---

①　《正蒙·至当篇》，《张载集》，第32页。

②　《正蒙·天道篇》，《张载集》，第14页。

③　《横渠易说·系辞上》，《张载集》，第207页。

④　同上书，第206页。

四　小　结

在张载的气本论思想当中，诚与妄构成了根本的价值分野：凡是真实无妄的，同时也就是道德价值上应然的；而凡是虚幻伪妄的，同时也就走向了道德价值的反面。这里，诚是实然与应然的统一。而"太和"所标划的气化过程的整体，其实也就是诚和天理的具体体现。在这一真实无妄的实然过程中，只有屈伸、动静的相荡、相感，而"'屈信相感而利生'，此则是理也，惟以利言"①。

就气化的整体而言，神与化作为兼体虚实、昼夜、阴阳的根源性作用，其真实性是不容置疑的。而处于聚散不息的虚气循环当中的太虚和万物，作为暂时的客形，是否亦属真实无妄的存在呢？张载对地道之"两"和天道之"叁"（参）的论说，向我们呈示了"两"在逻辑上的优先性："若一则有两，有两亦一在，无两亦一在。然无两则安用一？不以太极，空虚而已，非天参也。"②如果没有处于对立中的有限的个别存在（两），那么世界将只是抽象、空虚的一，这一虚静僵死的世界图景在张载看来是不可想象的。因此，有限的个别存在是"太和"之

---

① 《横渠易说·说卦》，《张载集》，第 233 页。
② 同上书，第 233—234 页。

道不可或缺的必要环节。尽管个殊的存在者生灭不息，但作为天理实现的必要环节，当然有"诚"贯穿始终。

事实上，也只有在人参与其中的世界里，才有伪妄的存在："《易》言'情伪相感而利害生'，则是专以人事言，故有情伪利害也。"[①] 究竟哪些东西属于伪妄的范畴，张载并没有详尽地道出，但我们还是可以从他的基本立场和具体论述中推知：出于一己之私的患得患失、从躯壳上起念的畏死恋生、对侥幸的利益的无根揣测、对未然的灾祸的无故忧虑，总而言之，凡是仅仅站在私我的立场上的计度，均属伪妄。张载在解释《论语》中的"子绝四"一节时说："天理一贯，则无意、必、固、我之凿。意、必、固、我，一物存焉，非诚也。"[②] 对于"意、必、固、我"，张载给出了进一步的解释："意，有思也；必，有待也；固，不化也；我，有方也。四者有一焉，则与天地为不相似。"[③] 人必须克化那由意、必、固、我而来的种种伪妄的计度，才能复归天理之诚，从而通过肯认和接受人固有的本分（命），让自己的内在本性充分实现出来。

---

① 《横渠易说·系辞下》，《张载集》，第 233 页。
② 《正蒙·中正篇》，《张载集》，第 28 页。
③ 同上。

第五章 物 理

　　陈俊民先生在《张载哲学与关学学派》一书中根据《宋元学案》的记载，就张载的学术渊源给出了一些似乎较为合理的推测和考辨：

　　据《宋史·孝义传》和《宋元学案》所载，庆历之际的侯可，很可能是张载的师承。因为，一方面，侯可与张载思想相通。比如，少时，"以气节自喜"；年壮，"笃志为学，祁寒酷暑，未尝废业"。特别是能"博物强记，于礼之制度、乐之形声、《诗》之比兴、《易》之象数、天文地理、阴阳气运、医算之学，无所不究"。另一方面，当时，"自陕而西，多宗其学"。而侯可是二程的舅舅，张载又是二程的表叔，张载尊崇侯可，全在情理之中。

　　我认为，张载丰富的自然科学知识，就是由此而来。他将自然科学中的哲理同儒家经学相融合，结果使关学在不违背理学"崇儒"宗旨的前提下，成为这一思潮中的一个独立学派，这不能不算是侯可之功。[①]

当然，张载的思想和学术在一定程度上受到过侯可之学的影响，这是很有可能的，但这并不意味着二者之间有真正意义上的师承关系。就现存的文献材料看，张载本人从未提到过侯可这个人。而程颢所撰《华阴侯先生墓志铭》亦未提及侯、张二人的交游情迹。至于"张载丰富的自然科学知识"，以及"将自然科学中的哲理同儒家经学相融合"，能否被归功于侯可，就更是不无疑问的了。

在我看来，张载对物理的深入考察，与其说是要"将自然科学中的哲理同儒家经学相融合"，毋宁说是要用从儒家经典中体贴出来的哲学思想来解释天地万象。换言之，张载的自然哲学从属于他的形上学，而非其形上学的来源。

一 阴 阳

与其本体论更多地强调虚气、神化等概念不同，张载自然

---

① 陈俊民:《张载哲学与关学学派》，台湾学生书局，1990 年 11 月，第 14—15 页。

哲学的核心范畴是传统的阴阳概念。试图用阴阳观念来解释所有的自然现象，这是中国古代自然观的一个基本的特点。张载的独特之处在于他对阴阳这对概念的思考和理解。

在张载看来，阴阳不是构成宇宙的两种基本的质料，而是充塞宇宙间的气的两种功能。所以他说：

> 太虚之气，阴阳一物也。然而有两体，健顺而已。[①]

这段话显然与《正蒙·参两篇》的"一物两体"的观念有关。"太虚之气，阴阳一物也"，强调的是气化之道贯通阴阳，与《正蒙·诚明篇》所说的"阴阳合一存乎道"[②]可以相互发明。换言之，宇宙间真实存在的只有细缊不息的气化过程，阴阳是在这唯一的气化过程中解析出来的两种基本功能和作用。与"昼夜""虚实"等对立的概念一样，阴阳在张载那里，也是要被气化过程不断地否定掉的东西。神之贯通两体，正是由对两体的不断否定来实现和体现的。在实然的气化过程中，两体是不会因否定而消尽的，所以，张载说："乾坤毁则无以见易。"[③]阴阳虽然是气的两种功能和作用，但因它们总是与气的具体形

---

① 《横渠易说·系辞下》，《张载集》，第 231 页。
② 《正蒙·诚明篇》，《张载集》，第 20 页。
③ 《正蒙·太和篇》，《张载集》，第 9 页。

态结合在一起，因此，较之健顺、乾坤等语汇，更具实体的意味："阴阳言其实，乾坤言其用。"[1]

阴阳就是气化中健和顺这两种根本的作用。而健和顺有时也体现为其他的功能性特征：

> 阳之德主于遂，阴之德主于闭。[2]

"遂"就是"发散"的功能，"闭"是"凝聚"的作用。这两个字又隐含了《易传·系辞上》中的"一阖一辟谓之变"中的"阖"和"辟"的概念："阖户，静密也，辟户，动达也。"[3]总之，阳是积极的作用，而阴则是消极的力量。

作为能动的、积极的作用，阳在气化过程中是起主导作用的：

> 亦不可谓天无意，阳之意健，不尔何以发散和一？阴之性常顺，然而地体重浊，不能随则不能顺，少不顺即有变矣。有变则有象，如乾健坤顺，有此气则有此象可得而

① 《横渠易说·系辞上》，《张载集》，第177页。
② 《正蒙·参两篇》，《张载集》，第12页。
③ 《横渠易说·系辞上》，《张载集》，第203页。

言；若无则直无而已，谓之何而可？是无可得名。[①]

作为消极的、被动的力量，阴随顺阳的主导作用。但既然是一种消极被动的作用，无论如何随顺，也不可能与阳的"动达"完全一致。其结果是，"少不顺"则变生。气化的统一进程分化为两种彼此对立的倾向。这两种对立倾向之间的屈伸相感，也就产生出了盈满宇宙的万象众形。

二 众 理

在张载的自然哲学思想当中，对天文现象的解释占据了很重要的地位。这与北宋朝历法的频繁变更有关。[②] 张载虽然没有直接参与到历法改订的讨论当中[③]，但时代的思想氛围对其思想的关注重心产生了深刻的影响。

对于天文学，张载关注的不是具体的观察和测算手段的问

---

① 《横渠易说·系辞下》，《张载集》，第231页。

② 据《宋史》卷六十八《律历志》载："迄靖康丙午，百六十余年，而八改历。"（《宋史》，第1492页）很多重要的学者，如胡瑗、司马光、范镇等，都参与到有关律历改作的讨论当中。

③ 张载对历法的问题是有所思考的，比如，他曾讨论闰月的问题："闰余生于朔，不尽周天之气，而世传交食法，与闰异术，盖有不知而作者尔。"（《张载集》，第12页）

题，而是如何解释天体的运转。对于一直以来通行的"天左旋"的理论，张载提出了明确的批评：

> 凡圜转之物，动必有机；既谓之机，则动非自外也。古今谓天左旋，此直至粗之论尔，不考日月出没、恒星昏晓之变。愚谓在天而运者，惟七曜而已。恒星所以为昼夜者，直以地气乘机左旋于中，故使恒星、河汉因北为南，日月因天隐见，太虚无体，则无以验其迁动于外也。[1]

张载对"历家言天左旋，日月星辰右行"[2]的理论，在根本上提出了质疑。而之所以有此质疑，其依据在于此段开始提出的"凡圜转之物，动必有机；既谓之机，则动非自外也"。在以往的研究中，这句话常常被当作张载强调事物的运动根源于其内在动因的证据来引用。而实际上，张载这里明确谈论的是某种特定的运动，即旋转运动。在他看来，凡沿圆形轨道运动的东西，必定有一个内在的发动者，也就是"机"。天与日月星辰同样沿圆形轨道运转，因此，它们之所以能运动的动力来自位于中心的发动者。而通过对天体运动的观察，可以知道它们

---

① 《正蒙·参两篇》，《张载集》，第 11 页。
② 《朱子语类》，中华书局，1986 年 3 月，第 17 页。

都环绕同一个中心，这也就是说，它们的动力都来源于同一发动者。而同一发动者，不可能产生运转方向不同的两种旋转运动。所以，既然天左旋，日月星辰自然也同样是左旋的。不仅日月星辰与天一样左旋，地气也是"乘机左旋"的。朱子对张载日月星辰左旋的观点，极为称许："横渠说日月皆是左旋，说得好"，又"横渠曰：'天左旋，处其中者顺之。少迟则反右矣。'此说最好"。[①]

而之所以在观测上会形成日月星辰右行的印象，原因在于，它们的运动速度比天左旋的速度要慢：

> 地纯阴凝聚于中，天浮阳运旋于外，此天地之常体也。恒星不动，纯系于天，与浮阳运旋而不穷者也；日月五星逆天而行，并包乎地者也。地在气中，虽顺天左旋，其所系辰象随之，稍迟则反移徙而右尔，间有缓速不齐者，七政之性殊也。月阴精，反乎阳者也，故其右行最速；日为阳精，然其质本阴，故其右行虽缓，亦不纯系乎天，如恒星不动。金水附日前后进退而行者，其理精深，存乎物感可知矣。镇星地类，然根本五行，虽其行最缓，亦不纯系乎地也。火者亦阴质，为阳萃焉，然其气比日而

---

① 《朱子语类》，第13页。

微，故其迟倍日。惟木乃岁一盛衰，故岁历一辰。辰者，日月一交之次，有岁之象也。[①]

在这一段里，地不再是"乘机左旋"，而是"顺天左旋"了。这种区别主要来自解释模式的不同：在前一段材料里，张载着眼于用内在于旋转运动的"机"这个概念，阐发日月星辰也是左旋的道理；而在这里，他关注的是用阴阳概念，来解释日月五星的运行速度的问题。地是纯阴凝聚而成，故左旋速度很缓慢。这样，从地上看起来，天与"纯系于天"的恒星无疑是左旋的。而日月五星，即所谓"七曜"或"七政"，由于它们是随地而动的，所以，左旋速度更缓，这样，从地面上观察，也就产生了右行的印象。为了解释日月五星运行速度的不同，张载还特别引入了阴质、阴精与阳质、阳精的概念。

阴质、阴精与阳质、阳精的概念，在讨论日月之间关系的问题时，发挥了极为充分的作用。比如，关于月食的问题，张载解释说：

日质本阴，月质本阳，故于朔望之际精魄反交，则光为之食矣。

① 《正蒙·参两篇》，《张载集》，第10—11页。

> 月所位者阳，故受日之光，不受日之精，相望中弦则
> 光为之食，精之不可以二也。[①]

在张载看来，日属阳精，但却是阴质。月则相反，属阴精而阳
质。"星月金水"与"火日"之不同，在于前者"能辟而受"，
后者则"能直而施"："星月金水受光于火日，阴受而阳施也。"[②]
因此，所谓"阳精""阴精"当与日月"外光""内光"的特性
有关。日月的关系，颇类似于水火的关系。关于水火，张载解
释说："阳陷于阴为水，附于阴为火。"[③]又说，"水者，阴凝
而阳未胜也；火者，阳丽而阴未尽也"[④]。从"陷""胜"和
"附""丽"这样的动词看，显然是指阳居于内和阳附于外这两
种情况。与此相应，日的阳精阴质和月的阴精阳质，所讲的也
就无非是阳在外阴在内和阴在外阳在内。这一思想，无疑与《周
易》的《坎》《离》二卦的卦象不无关联。日食的问题是比较容
易理解的，即"日食是为月所掩"[⑤]，因为，"月于人为近，日
远在外"[⑥]。月食的问题就比较麻烦了。尽管在传统的"浑天说"

---

① 《正蒙·参两篇》，《张载集》，第 11—12 页。
② 同上书，第 12 页。
③ 同上书，第 13 页。
④ 同上。
⑤ 《朱子语类》，第 21 页。
⑥ 《正蒙·参两篇》，《张载集》，第 11 页。

里有"天如鸡卵，地如卵黄"的说法，可以由此推出地体浑圆的观念①，但张载本人却是持天圆地方的观点的②。因此，他不可能得出月食的出现是由于地体的遮掩这样的结论。而又由于日在外，而月在内，月食的出现也不可能是为日所掩的结果。这样一来，张载不得不用"精魄反交"这样的理论来加以解释。月本身并不发光，因"受日之光"，方有光芒。一旦日之阳精与其阴魄（质）发生"反交"，即短暂地出现阴魄在外阳精在内的情况，则日的光芒也就敛去。由于月本身并不发光③，日光的短暂消失就自然引生出了月食的现象。

　　除了天文现象以外，张载也对其他许多自然现象给出了相应的解释。比如雨露风雪：

　　　　阴性凝聚，阳性发散；阴聚之，阳必散之，其势均散。阳为阴累，则相持为雨而降；阴为阳得，则飘扬为云而升。故云物班布太虚者，阴为风驱，敛聚而未散者也。凡阴气凝聚，阳在内者不得出，则奋击而为雷霆；阳在外

①　章太炎说："印度先民知地球绕日及人身有精虫二事。"《章太炎全集》，第四卷，上海人民出版社，1986年12月，第382页。

②　张载说："天地动静之理，天圆则须动转，地方则须安静。"（《横渠易说·系辞上》，《张载集》，第177页）

③　通过"星月金水受光于火日"这样的说法，可以推知，张载是明确知道月光为日光之反射这一自然科学原理的。

者不得入，则周旋不舍而为风；其聚有远近虚实，故雷风有小大暴缓。和而散，则为霜雪雨露；不和而散，则为戾气霾霾；阴常散缓，受交于阳，则风雨调，寒暑正。[①]

这是以阴阳两种力量之间的相互作用，来解释风云雷雨等现象。在这里，简单地用我们这个时代的科学知识来衡量和验证张载的自然哲学思考，除了能助长出某些现代性的傲慢外，并不能带来什么真正有意义的东西。如果我们试着去想象那个时代所能调动的思想资源，试着将自己置身于张载所处时代的自然科学话语以及在这一话语当中呈现出来的自然世界，那么，我们将会发现，这些解释不仅深刻，而且合理。在这些解释的背后，我们可以清晰地看到北宋儒者身上洋溢着的那种对天理的确信。在张载他们那里，人可以借由对天理的体认和穷达，获得对天地万物的贯通性领会，早已作为最基本的信念脉动于其穷格物理的实践当中。

对于声音的产生，张载解释说：

声者，形气相轧而成。两气者，谷响雷声之类；两形者，桴鼓叩击之类；形轧气，羽扇敲矢之类；气轧

---

① 《正蒙·参两篇》，《张载集》，第 12 页。

形，人声笙簧之类。是皆物感之良能，人皆习之而不察者尔。[1]

在这里，张载将声音的产生归为四类：即气相轧、形相轧、形轧气和气轧形。"轧"在这里，是搏击之义。对于人们习焉不察的现象，张载亦能通过深思给出相应的解释，可以视作他思学并进的为学之方的具体体现。

张载还试图对动植物之间的区别，给出符合其形上学思想的解释：

动物本诸天，以呼吸为聚散之渐；植物本诸地，以阴阳升降为聚散之渐。物之初生，气日至而滋息；物生既盈，气日反而游散。至之谓神，以其伸也；反之为鬼，以其归也。[2]

动物在本质上合于天道，故能动健，不囿于方隅；植物则合于地道，故只静顺，安止于根柢。这里的"息"字，是生长

---

① 《正蒙·动物篇》，《张载集》，第 20 页。
② 同上书，第 19 页。

的意思。① 以神为气之伸，以鬼为气之归，是张载哲学的理性
精神的充分显露。

三　物　怪

北宋儒学复兴运动的精神根柢里，深藏着一种马克斯·韦
伯意义上的理性化的"祛魅"倾向。在宋儒那里，以天理为基
础的理性精神，体现在他们对待各种神奇怪诞事物的态度当
中。在他们看来，一切怪诞的东西都可以得到合乎理性的解
释。因此，对于物怪，简单地持拒斥的姿态还并不够，关键在
于明理。张载曾说过："人言不信怪，须是于实事上不信，又晓
其理，方是了当。苟不然者，才劫之不测，又早是信也。"②

对于《周礼》中有关盟诅的记载，张载从根本上持怀疑的
态度：

> 《周礼》是的当之书，然其间必有末世添入者，如盟
> 诅之属，必非周公之意。盖盟诅起于王法不行，人无所取

---

① 《朱子语类》载："问：'"物之初生，气日至而滋息"，此息只是生息之
"息"，非止息之"息"否？'曰：'然。尝看《孟子》言"日夜之所息"，程子谓：
"息字有二义"，某后来看只是生息。'"（《朱子语类》，第2510页）

② 《语录上》,《张载集》，第314页。

直，故要之于神，所谓"国将亡，听于神"，盖人屈抑无所伸故也。如深山之人多信巫祝，盖山僻罕及，多为强有力者所制，其人屈而不伸，必咒诅于神，其间又有偶遭祸者，遂指以为果得伸于神。如战国诸侯盟诅，亦为上无王法。今山中人凡有疾者，专使巫者视之，且十人间有五人自安，此皆为神之力，如《周礼》言十失四已为下医，则十人自有五人自安之理。①

在张载看来，盟诅之事的出现根本上源于国家秩序的混乱和权威的缺失。在那些未能有效建立起合理的权威和秩序的地方，人们往往处在暴力的压迫之下。其屈抑之情难伸，故咒诅于神。被诅咒者偶然遭遇什么不测的祸事，人们遂以为诅咒果有灵验。实则这与巫者医人是同一道理。因为"十人自有五人自安之理"，所以，请巫者医治，最多只有一种心理上的作用而已。

经典中往往会记载一些难以索解的神异之事，对此，张载也试图以同样的理性态度给出解释：

高宗梦傅说，先见容貌，此事最神。夫梦不必须圣人然后梦为有理，但天神不间，人入得处便入也。万顷之波

①　《经学理窟·周礼》，《张载集》，第248页。

> 与污泥之水，皆足受天之光，但放来平易，心便神也。若
> 圣人起一欲得灵梦之心，则心固已不神矣。神又焉有心？
> 圣人心不艰难，所以神也。高宗只是正心思得圣贤，是以
> 有感。①

圣人之梦之所以"有理"，只是因为其心平易，至虚至神。而虚神之心，自然"有感"。因此，思得贤圣，便感得贤圣之容貌。

当然，在试图以理性的眼光理解和看待一切事物的同时，张载并不想从根本上动摇神圣空间在百姓日常生活中的地位和影响。在解释《周易》《观》卦《彖》辞时，张载特别强调了神道设教的重要性：

> 内顺外巽，示民以顺而外从巽，此祭所以为教之本，
> 故盥而不荐。
> 凡教化设施，皆是用感也，作于此化于彼者，皆感之
> 道，圣人以神道设教是也。②

通过祭祀之类神道设教的活动，将某种神圣感和敬畏感注入百

---

① 《经学理窟·诗书》，《张载集》，第 256 页。
② 《横渠易说·观》，《张载集》，第 107 页。

姓的内心当中，从而化民成俗。这与《论语》"慎终追远，民德归厚"的思想，是一脉相承的。在这里，如何在理性化和世俗化的过程中，恰当地安置神圣性，是成就良好的共同体生活的关键。北宋儒者对这一问题的思考和解决，是很值得我们省思和鉴取的。

第六章　感与性

张载关于感与性的讨论，在过去的研究中一直被看作他的思想体系的一个旁涉的论题，从而往往只在他的气学思想中附带地论及。而实际上，在张载哲学的架构中，感与性的思想是关联其本体论和道德哲学的枢纽性环节。本章旨在凸显有关感与性的思考在张载思想展开中的作用，及其在理解和把握张载思想的整体上的重要意义。

一　物与感

《正蒙·乾称篇》曰：

> 天地生万物，所受虽不同，皆无须臾之不感，所谓性即天道也。[1]

---

[1]　《正蒙·乾称篇》，《张载集》，第63页。

"感"是世界中未尝须臾止息的真实作用。

"感"发生在因气聚而有形的物之间,"感亦须待有物,有物则有感,无物则何所感"①。有气聚之"客形",方有"客形"间的"客感"。

然而"感"的发生之所以可能,并不仅仅有聚而成形这一个条件。物之间能"感"的前提还在于物之间的相异:

> 造化所成,无一物相肖者,以是知万物虽多,其实一物;无无阴阳者,以是知天地变化,二端而已。②

然而,如果万物之间的差异被绝对化,则万物之间的相感也就无从谈起。因此,张载对异的突出强调,实质上是"一能合异"的"感"的观念环节:"若非有异则无合。"③

对于异同与"感"的关系,张载在《正蒙·乾称篇》里的论述更为明晰:

---

① 《语录上》,《张载集》,第313页。

② 《正蒙·太和篇》,《张载集》,第10页。张载对物与物之间差异的强调,在《张子语录》的另一则议论中有更为详尽发挥:"人与动植之类已是大分不齐,于其类中又极有不齐。某尝谓天下之物无两个有相似者,虽则一件物亦有阴阳左右。譬之人一身中两手为相似,然而有左右,一手之中五指而复有长短,直至于毛发之类亦无有一相似。至如同父母之兄弟,不惟其心之不相似,以至声音形状亦莫有同者,以此见直无一同者。"(《张载集》,第322页)

③ 《正蒙·乾称篇》,《张载集》,第63页。

> 以万物本一，故一能合异；以其能合异，故谓之感；若非有异则无合。天性，乾坤、阴阳也，二端故有感，本一故能合。[①]

这段材料实质上可以看作上引"造化所成"一段的另一种表述。在这一论述中，"感"这一观念得以成立的观念环节，得到了更为明确的展示。然而，这一表述同时也将"造化所成"一段中隐含的问题显露出来：在"造化所成"一段中，由于论述的实际主题"感"没有被明确标出，所以，我们在解读中可以将前后两句话当作两个关涉不同主题的论述；然而在《乾称篇》的这则材料里，"感"明确地成为两句话的共同主题。前一句讲明了"一"和"异"对于"感"的组建作用，而后一句似乎又将"感"的成立解析为"二端"和"本一"这两个环节。这里有两种可能：其一，"一能合异"是对"感"的一般性界定，乾坤、阴阳的"二端"之"感"是其中的一类，在此标举出来，作为例证；其二，"一能合异"之"感"与乾坤、阴阳的"二端"之"感"是两种完全不同的"感"的类型。

与《正蒙·乾称篇》中的另一则材料的参照可知，我们只能依后一种可能性来理解：

---

① 《正蒙·乾称篇》，《张载集》，第63页。

> 天包载万物于内，所感所性，乾坤、阴阳二端而已，无内外之合，无耳目之引取，与人物蕞然异矣。人能尽性知天，不为蕞然起见则几矣。①

这里，张载明确区分了天之"所感所性"与人物之"感"的不同：天的所感，只是乾坤、阴阳二端之间的相感，没有人和物那样的内外分别，也无耳目等感官的引领和作用，因而也就不是人和物之间的那种类型的"感"。"蕞然"这个词指出人与物之间的"感"的狭隘拘陋。在个殊的人物中间，只有能"尽性知天"的圣人，其所感与天相近（几）。于是我们看到，"感"被分成了三类：其一，天的乾坤、阴阳的"二端"之"感"，此种"感"是普遍的、没有局限的；其二，人与物之间的合异之"感"，此种"感"是"蕞然"的，也即渺小狭隘的；其三，能"尽性知天"的圣人之感，而圣人之"感"即是由人的"蕞然"之"感"向天之"感"的复归。

对于圣人之"感"，《正蒙·太和篇》中有这样的论述：

> 至静无感，性之渊源，有识有知，物交之客感尔。客

---

① 《正蒙·乾称篇》，《张载集》，第63页。

感客形与无感无形，惟尽性者一之。①

圣人之"感"是源于太虚的"无感无形"与人物之间的"客感客形"的统一。而这一统一就是向天之"感"的复归。"大率天之为德，虚而善应，其应非思虑聪明可求，故谓之神，老氏况诸谷以此"②，一方面，天本太虚"无感无形"之德；另一方面，"上天之载，有感必通"，又是"虚而善应"的。

作为世界中真实的作用，物之间的"感"是多种多样的：

感之道不一：或以同而感，圣人感人心以道，此是以同也；或以异而应，男女是也，二女同居则无感也；或以相悦而感，或以相畏而感，如虎先见犬，犬自不能去，犬若见虎则能避之；又如磁石引针，相应而感也。若以爱心而来者自相亲，以害心而来者相见容色自别。"圣人感人心而天下和平"，是风动之也；圣人老吾老以及人之老，而人欲老其老，此是以事相感也。感如影响，无复先后，有动必感，咸感而应，故曰咸速也。③

---

① 《正蒙·太和篇》，《张载集》，第 7 页。
② 《正蒙·乾称篇》，《张载集》，第 66 页。
③ 《横渠易说·咸》，《张载集》，第 125 页。

这些"感"之中，只有圣人的感是正感。圣人之感的实质在于同，"能通天下之志者为能感人心，圣人同乎人而无我，故和平天下，莫盛于感人心"[①]。

二　感与通

"感"的结果是"通"。《正蒙·太和篇》曰：

> 感而后有通，不有两则无一。故圣人以刚柔立本，乾坤毁则无以见易。[②]

由"感"至"通"，是由"两"而至于"一"的过程。彼此相异的物，由"感"的合异的作用，而建立起相通的关联。

与"通"相对的是"碍"和"壅"：

> 太虚为清，清则无碍，无碍故神；反清为浊，浊则碍，碍则形。[③]

①　《正蒙·至当篇》，《张载集》，第34页。

②　《正蒙·太和篇》，《张载集》，第9页。

③　同上。

这里，我们可以看到，"虚""清""神"和"通"（无碍），与"形""浊"和"碍"构成了存在状态的两个极端。在这一论述中，"通"的根据在于"太虚"，"通"可以看作对由"形"而生的"碍"的超越。然而，这样一来，就引生出一个问题，为形气所限的具体事物是否有与其"客感"相应的"通"呢？

《正蒙·太和篇》云：

> 凡气清则通，昏则壅，清极则神。故聚而有间则风行，风行则声闻具达，清之验与！不行而至，通之极与！①

首先，"清""通"与"昏""壅"的对立，是"清""通"与"浊""碍"的对立的另一种表述。其次，"通之极与"这一表达，透露出在张载的思考中，"通"是有一个等级序列的。

在另一广为征引的论述中，我们可以更清楚地看到"通"这个观念在张载思考中的组建作用：

> 凡物莫不有是性，由通蔽开塞，所以有人物之别，由

---

① 《正蒙·太和篇》，《张载集》，第9页。

蔽有厚薄，故有智愚之别。①

　　人与物的分别和差等，正是以"通"和"蔽"的程度为依据的。而人的德性养成的实质，正是一个由"蔽"而"通"的过程。而"通"是"感"的结果，因此，"感"就成了超越"壅""蔽"的作用。反过来说，"壅""蔽"也就意味着"感"的缺失。

　　一般说来，"感"作为超越个体与他者建立关联的作用，其本身即是对自身有限的形气的超越。然而，物都有其特定的"感"。正如我们在前面的讨论中指出的那样，并非所有的"感"都是正当的。张载《横渠易说》在论及《咸》卦时说："咸，感也，其爻虽相应而词多不吉，顾其时如何耳。"在张载看来，《咸》卦诸爻之所以大都不吉，其原因在于"失时"。这里，"时"成了判定"感"的正当性的标准。这里，"时"的概念不可以凭空理解，而应放在张载自己的经典解读的话语系统中寻求理解。在解释《孟子》"圣之时"的论断时，张载说："'圣之时'，当其可之谓时，取时中也。可以行，可以止，此出处之时也。至于言语动作皆有时也。"②这里，"时"意味着依具体情况而变的正当性。因此，"圣之时"既是对有所限定的具体情况的正确把握，将自己置于

---

①　《性理拾遗》，《张载集》，第 374 页。
②　《语录上》，《张载集》，第 309 页。

具体状况的约束之下；同时又是对一切具体状况的超越。这里呈示给我们的，正是一种真正的、具体的普遍性，与我们通常理解的形式逻辑意义上的种属之类的抽象的普遍性有别。这样一来，"失时"就意味着在某种程度上为有限的状况所拘蔽，从而部分地丧失了自己的超越的普遍性。事实上，在张载的思考中，这种真正的普遍性正是圣人之所以为圣人的本质："谷之神也有限，故不能通天下之声；圣人之神惟天，故能周万物而知。"① 由此，人物之间的"客感"及与之相应的"通"，表面上构成了对自身有限性的超越，而实质上倒恰是其"壅""蔽"的表征。

真正的"感"必是普遍性的：

咸之为言皆也，故语咸则非事。②

这里，"皆"应读作"都"，是无所不包之意。"语咸则非事"，事与理相对，因此，只要说到咸，就落到了理的层面，而理必是普遍性的。

与"壅""蔽"相对的超越的普遍性，只有到了"大人"这一成德的阶段，才能真正达到：

① 《正蒙·天道篇》，《张载集》，第 15 页。
② 《横渠易说·咸》，《张载集》，第 125 页。

> 性者万物之一源，非有我之得私也。惟大人为能尽其
> 道，是故立必俱立，知必周知，爱必兼爱，成不独成。彼
> 自蔽塞而不知顺吾理者，则亦末如之何矣。①

与"蔽塞而不知顺吾理者"相对的，是"立必俱立，知必周知，爱必兼爱，成不独成"，而后者无疑是"通"的具体表达。圣人"用感"②，以"通天下之志"③，从而达到"俱立"咸"成"。圣人所以感人心的根据在于"天理"，而"所谓天理也者，能悦诸心，能通天下之志之理也"④。

三　感与性

在上述有关"感"与"通"的讨论的基础上，我们可以进一步考察张载关于"性"的思考。《正蒙·乾称篇》中有这样一个颇费思量的论述：

> 感者性之神，性者感之体。（自注：在天在人，其究

---

① 《正蒙·诚明篇》，《张载集》，第 21 页。
② 《横渠易说·观》，《张载集》，第 107 页。
③ 《横渠易说·系辞上》，《张载集》，第 202 页。
④ 《正蒙·诚明篇》，《张载集》，第 23 页。

一也。）惟屈伸、动静、终始之能一也，故所以妙万物而谓之神，通万物而谓之道，体万物而谓之性。[①]

"感者性之神，性者感之体"这一表达，向我们指明了"感"与"性"这两个概念在张载思想中的本质关联。但这一关联的具体内涵还晦暗不明。问题的关键在于理解这一论述中的"神"和"体"究竟何指。文本的第二句，在某种程度上构成了对第一句的具体解释和进一步的展开，其中，"神"和"体"的意义似乎得到了进一步的规定。"惟"和"故"构成的逻辑关系，表明"屈伸、动静、终始之能一"是后面三个"谓之"的前提。换言之，"能一"是使"谓之"这样的指涉行为成为可能的条件。"神""道"和"性"之所以只是一种称谓而非定义，正因为它们都只是在道说同一个东西。"谓之"这一表达不能等闲视之，应该看到其中王弼的印迹：在《老子注》中，王弼明确区分了"名之"与"谓之"的不同。[②] 有了上述分析，我们就会明确，只有那能将屈伸、动静、终始统一起来的东西，才能"妙万物"、"通万物"和"体万物"。"妙万物"的作用被称为"神"，"体万物"的作

---

① 《正蒙·乾称篇》，《张载集》，第63—64页。
② 楼宇烈：《王弼集校释》，中华书局，1999年12月，第2页。而张载对王弼是相当熟悉的。《正蒙·有德篇》："谷神能象其声而应之，……王弼谓'命吕者律'，语声之变，非此之谓也。"（《张载集》，第46页）

用被称为"性"。在这一文本中，我们最为关注的"神"和"体"的意义和关系，因为语法位置上的错置，不仅没有给我们带来预期的确定性，反而使问题更为含混了。

我们再来看看其他将"神"和"体"关联起来的材料：

> 神，天德，化，天道。德，其体，道，其用，一于气而已。[①]

在这条材料里，"神"是"体"，"化"是"用"。这与上引文本在"神"和"体"之间建立的区分，正相反对。由此可知，上文"神""体"对举中的"体"，不能简单地在"体用"的关系中来把握。

在张载的哲学话语中，"神"和"化"是一对重要的范畴。那么，"感者性之神，性者感之体"能否在这一关系中得到理解呢？《正蒙·动物篇》云：

> 凡物能相感者，鬼神施受之性也；不能感者，鬼神亦体之而化矣。[②]

---

① 《正蒙·神化篇》，《张载集》，第15页。
② 《正蒙·动物篇》，《张载集》，第19页。

"鬼神，往来、屈伸之义。"[①] 这里，"体之而化"这一表述，向我们指示出"体"与"化"的关联。于是，我们可以大体上确定，上文中的"神"和"体"，要在张载对"神"与"化"关系的论述中寻求具体的解释。

关于"神"和"化"的关系，张载有相当多的讨论：

> 形而上者，得辞斯得象矣。神为不测，故缓辞不足以尽神，缓则化矣；化为难知，故急辞不足以体化，急则反神。[②]

> 义以反经为本，经正则精；仁以敦化为深，化行则显。义入神，动一静也；仁敦化，静一动也。仁敦化则无体，义入神则无方。[③]

从前一材料看，"神"跟"化"有急缓之别，这似乎是一种量的区别。从后一材料看，二者之间又成了动静之别。具体地说，"仁敦化"，仁属静，由仁而化，是静而致动；"义入神"，则是

---

① 《正蒙·神化篇》，《张载集》，第 16 页。
② 同上。
③ 同上书，第 18—19 页。

动而归诸静。"惟神为能变化，以其一天下之动也"①，又"天下之动，神鼓之也"②，神寂然不测，无方无体，但同时又能"鼓天下之动"。而正因为天下之动都是神来鼓动的，所以说神能"一天下之动"。

对于"体"与"化"的关系，我们还是要借助上引《正蒙·动物篇》的那条材料来理解。"鬼神施受之性"是"物能相感"的根据；"不能感者"，是物的隔绝孤立的状态，但这种隔绝孤立只是相对的，其中仍有"鬼神亦体之而化"的作用，"体之"意指内在性，"鬼神"或者说"往来、屈伸"内在于处于相对隔绝状态的物，引起物的"化"，而"化"是内而见诸外的。在这里，"体之"是内在于万物、引起某种由内而外的变化的作用。引起"化"的东西，其本身是静的。

讨论至此，我们可以回过头来看一看"感者性之神"这条材料。材料的第二句为第一句的理解提供了视野。第二句指出那将屈伸、动静、终始统一起来的东西不可以定义（名之），而只能权宜地指称（谓之）。在这一视野里，"感"与"性"也就成了对同一东西的不同侧面的称谓。在前述"神"与"体"的考察的基础上，我们可以给出此句更为确切的解释。"所以妙万

---

① 《正蒙·神化篇》，《张载集》，第 18—19 页。
② 同上书，第 16 页。

物而谓之神"，这里"妙万物"就是"鼓""天下之动"的意思；"体万物而谓之性"，"体万物"就是内在于万物而又能引生内而见诸外的作用。这样一来，"感者性之神"，指的就是"感"是"性"的鼓动万物的作用；而"性者感之体"，指的就是"性"是内在于"感"、引生"感"，同时自身又是静的。"性"和"感"指称的正是超越万物自身有限的形气的作用。

《正蒙·诚明篇》曰：

> 性其总，合两也；命其受，有则也；不极总之要，则不至受之分，尽性穷理而不可变，乃吾则也。天所自不能已者谓命，物所不能无感者谓性。虽然，圣人犹不以所可忧而同其无忧者，有相之道存乎我也。[1]

这一段在文本上有歧异。"物所"二字是《张载集》的编者依《朱子语类》增补的。[2] 牟宗三《心体与性体》所用文本，无"物所"二字。[3]《正蒙·诚明篇》有"天所性者通极于道"和"天所命者通极于性"[4] 这样的表述，从文句结构上的关联看，文本

---

① 《正蒙·诚明篇》，《张载集》，第 22 页。
② 同上书，第 22 页，注一。
③ 牟宗三：《心体与性体》，第 422 页。
④ 《正蒙·诚明篇》，《张载集》，第 21 页。

中应无"物所"二字。我们注意到，在"天所性者"和"天所命者"这样的表达中，"性"和"命"均用作动词。而"天所自不能已者"是对"天所命者"的进一步解释，由此，后一句"不能无感者"也就是对"天所性者"的解释。这样一来，我们可以确定"不能无感者谓性"实际上是承上句的文势而省略了"天所自"三个字的结果。"天所自"标明的是"性"和"命"的形上根源。因此，"不能无感者谓性"所说的就是人性是从天禀受而来的"不能无感"这一本质的倾向和可能性。

《正蒙·诚明篇》又说：

　　天所性者通极于道，气之昏明不足以蔽之；天所命者通极于性，遇之吉凶不足以戕之；不免乎蔽之戕之者，未之学也。性通乎气之外，命行乎气之内，气无内外，假有形而言尔。故思知人不可不知天，尽其性然后能至于命。①

在《正蒙·乾称篇》中有另一段类似的论述："性通极于无，气其一物尔；命禀同于性，遇乃适然焉。人一己百，人十己千，然有不至，犹难语性，可以言气；行同报异，犹难语命，可以

————————

① 《正蒙·诚明篇》，《张载集》，第 21 页。

言遇。"①"人一己百，人十己千"云云，表明此节所论说的"性"是天命之性，是"性"的本然之体。"天所性者通极于道"与"性通极于无"是同一思想的不同表达。这里，"道"和"无"当指作为"性"的形上根源的太极神体。"性通乎气之外"，而"气无内外"，这里所说的气是指人和物的具体而有限的形气，假此而言，故有内外之别。"性"是超越人的有限形气（或形气之私）的根源性的倾向。正是这一根源性的倾向，使人能从形气的拘蔽中通达出来，超越由一己的形气之私所造成的隔阂，从而建立起与他者的关联。"性"作为超越自身有限形气的本质倾向，自然"不能无感"，也自然能感而遂通。

四　圣人用感

《横渠易说·观卦》云：

> 有两则须有感，然天之感有何思虑？莫非自然。圣人则能用感，何谓用感？凡教化设施，皆是用感也，作于此化于彼者，皆感之道，圣人以神道设教是也。②

---

① 《正蒙·乾称篇》，《张载集》，第64页。
② 《横渠易说·观》，《张载集》，第107页。

天之感与圣人之感，均与"蕞然"的客感不同，但天之感无思无虑[①]，而圣人之感则不能无忧。故施行教化，以发挥感之道。

圣人感人心"以同"[②]：

> 能通天下之志者为能感人心，圣人同乎人而无我，故和平天下，莫盛于感人心。[③]

圣人穷理，而"所谓天理也者，……能通天下之志之理也"[④]；穷理则尽性，而尽性即发挥感之道以通天下之志。"以同"而感，不是说圣人以一己之心加于他人，而是圣人"同乎人而无我"。而要做到这一点，圣人就必须了解愚人乃至禽兽的意欲，"圣人通天下之志，虽愚人与禽兽犹能识其意"[⑤]。

而圣人之所以能够让万物皆伸其志，在于能以"至虚"为心：

---

① 《横渠易说·系辞上》云："老子言'天地不仁，以万物为刍狗'，此是也；'圣人不仁，以百姓为刍狗'，此则异矣。圣人岂有不仁？所患者不仁也。天地则何意于仁？鼓万物而已。圣人则仁尔，此其为能弘道也。"（《张载集》，第188页）

② 《横渠易说·咸》，《张载集》，第125页。

③ 《正蒙·至当篇》，《张载集》，第34页。

④ 《正蒙·诚明篇》，《张载集》，第23页。

⑤ 《横渠易说·系辞上》，《张载集》，第201页。

> 无不容然后尽屈伸之道，至虚则无所不伸矣。①

一般说来，"彼伸则我屈"②，然而对于圣人而言，这并不是绝对的。"'君子无所争'，知几于屈伸之感而已。'精义入神'，交伸于不争之地，顺莫甚焉，利莫大焉。"③

以"至虚"为心之感，就是"感以诚"：

> "屈信相感而利生"，感以诚也；"情伪相感而利害生"，杂以伪也。至诚则顺理而利，伪则不循理而害。顺性命之理，则所谓吉凶，莫非正也；逆理则凶为自取，吉其险幸也。④

圣人"知几于屈伸之感"，因此能不争而伸其志，而圣人之志就是要"通天下之志"。张载的《西铭》，即可以视为圣人"通天下之志"而达到的精神境界。

---

① 《正蒙·至当篇》，《张载集》，第 36 页。

② 同上。

③ 同上。

④ 《正蒙·诚明篇》，《张载集》，第 24 页。

五　余　论

张载对"感"的强调，与北宋儒学的思想氛围是息息相关的。

二程对于"感"也极为重视，如说：

> 天地之间，只有一个感与应而已，更有甚事？①

虽然这一论述与张载对"感"的系统深入的讨论不可同日而语，但"感"的重要性仍得到了充分的突显。

《二程集》卷十一"明道先生语一"有这样一条：

> 天地万物之理，无独必有对，皆自然而然，非有安排也。每中夜以思，不知手之舞之，足之蹈之也。②

"无独必有对"这样的道理，何以能让明道如此兴奋呢？这恐怕也只能与前述二程对"感""应"的强调关联起来考虑，才能得到解答。"无独必有对"的"对"，与张载思想中的"二端"大

---

① 《二程集》，第 152 页。
② 同上书，第 121 页。

体相同。而张载的"二端"正是"感"之所以可能的不可或缺的观念环节。因此，真正令明道兴奋的，其实是万物之间永无息止的感通。

《横渠易说·咸》有这样一条论述：

> 释氏以感为幻妄，又有憧憧思以求朋者，皆不足道也。①

这一论述从某个侧面向我们透露出对"感"的突出强调背后潜藏着的冲动：从思理上对治释氏之"以感为幻妄"。

北宋儒学复兴运动是以恢复和重建一种根源性的儒家生活态度为其核心指向的：

> 今异教之害，道家之说则更没可辟，唯释氏之说衍蔓迷溺至深。今日是释氏盛而道家萧索。方其盛时，天下之士往往自从其学，自难与之力争。惟当自明吾理，吾理自立，则彼不必与争。②

---

① 《横渠易说·咸》，《张载集》，第 126 页。
② 《二程集》，第 38 页。

在这样的考量下，张载和二程对"感"的重视，表明了"感"对于此种根源性的儒家生活态度的重要性。"释氏以感为幻妄"，其教理"大概且是绝伦类"[1]，是要斩断伦常间的关联感通。而"感"的真实且普遍的存在，则在根本上构成了对儒家生活方式的确认。在这个意义上，横渠之以"感"释"性"，明道之以"通"言"仁"，实为殊途同归之论。

---

[1] 《二程集》，第 24 页。

第七章　心与性

一　论　性

张载对人性问题的思考，在道学话语的建构中具有组建性的作用。天命之性与气质之性的提出，阐扬了孟子的性善论，并以此规定了宋明道学有关人性问题的思考及讨论的基本架构。在人性问题的具体讨论中，张载拒绝因袭陈言：

> 当自立说以明性，不可以遗言附会解之。若孟子言"不成章不达"及"所性""四体不言而喻"，此非孔子曾言而孟子言之，此是心解也。[1]

在这里，张载明确意识到了固有的思想资源与时代的一般话语

---

①　《经学理窟·义理》，《张载集》，第 275 页。

之间的复杂关系。在文化的沿承和展开中，一成不变地照搬先哲遗言，反而可能成为对先哲思想的精神实质的遮蔽。而正是由于这种"自立说以明性"的创造性发挥，使得张载关于人性的思考别开新局，成为道学思想发展中的奠基性要素。

关于天命之性与气质之性，前人论之已详。[①] 然其中仍有未尽之蕴，有待深入的考察及阐发。

在张载的哲学中，确有天命之性与气质之性的对立：

> 形而后有气质之性，善反之则天地之性存焉。故气质之性，君子有弗性者焉。[②]
>
> 人之刚柔、缓急、有才与不才，气之偏也。天本参和不偏。养其气，反之本而不偏，则尽性而天矣。性未成则善恶混，故亹亹而继善者斯为善矣。恶尽去则善因以成，故舍曰善而曰"成之者性也"。[③]

从来源上说，天地之性或天命之性根源于形上的天，而天作为

---

① 参见张岱年：《中国哲学大纲》，《张岱年文集》第二卷，清华大学出版社，1990 年 12 月，第 248—252 页；陈俊民：《张载哲学思想及关学学派》，人民出版社，1986 年；以及陈来：《宋明理学》，辽宁教育出版社，1991 年 12 月，第 65—69 页。

② 《正蒙·诚明篇》，《张载集》，第 23 页。

③ 同上。

个体存在之上的超越者，赋予人作为道德根源的本然之性，因此，天命之性的另一更为准确的表达是"天所性者"。而气质之性则根源于气聚而后的形。

牟宗三强调"太虚神体"与"清气之质性"的区别。[①] 如果暂时撇开他将太虚与神体混为一谈的误解，这一区别本身是不无洞见的。"清气之质性"如果用我们习惯的语词转译，其实就是指太虚之气的属性。牟氏这一区别的重要性在于隐约地道出了人性不能等同于人作为某种现成存在者的属性。严格说来，不仅超越的道德本性——天命之性不是作为存在物的人的属性，甚至对气质之性也不能做这样的理解。这里，有必要引入三个层次的区分：第一，属性层面的性，如人之高矮强弱；第二，气质层面的性，即"人之刚柔、缓急、有才与不才"；第三，超越层面的性，即根源于天的道德本性。

在这个意义上，将天命之性理解为太虚之气的"质性"或属性，就不无问题。然而，张载明确指出：

> 由太虚，有天之名；由气化，有道之名；合虚与气，有性之名；合性与知觉，有心之名。[②]

---

① 　牟宗三：《心体与性体》，第 408 页。
② 　《正蒙·太和篇》，《张载集》，第 9 页。

这里的"合虚与气，有性之名"一般被理解为张载对现实的人性的理解，也就是说，在张载看来，现实的人性正是由根源于太虚的天命之性与根源于气的气质之性混合而成。牟宗三直接将这一表述斥为"滞辞"。这样的解读，无论正面的阐说，还是负面的否定，似乎都错失了这段话的意旨。从上下文看，"合虚与气"中的"虚""气"二字是直承上文"太虚"和"气化"而来的。这样一来，"合虚与气"可以直接转读为"合天与道"。而天和道无疑都不是形下者，这样一来，将"合虚与气"一句中的"气"理解为形下的气，就不无问题了。如果"合虚与气"其实就是"合天与道"，那么，这里所说的性就只能是天地之性了。[①] 从"由……有……之名"这样的表达看，至少前两句指谓的应该是同一对象，而各句分别指出某一定名所强调的是这同一对象的不同侧面。这里，我们可以隐约看到王弼的影响。《老子指略》曰："夫'道'也者，取乎万物之所由也；'玄'也者，

---

① 张载曾明确指出："形而后有气质之性，善反之则天地之性存焉。故气质之性，君子有弗性者焉。"（《张载集》，第23页）严格地说，只有天地之性才是真正的人性。因此，在涉及人性的概念界定时，比如，在上面引用的段落中，张载用"性"字所指涉的应该是天地之性。

取乎幽冥之所出也。"① 这些不同的名，指谓的应该就是缊缊不息的天道神化之体。后两句仍然延续了"有……之名"这样的表达，"由"字应该是承上文而被省略了。这样一来，"合虚与气，有性之名"的完整表达，就应该是"由合虚与气，有性之名"。这里的"合"字，不能解读为一般意义上的"合成"，而应理解为"参和"以及"合一不测"之义。这句话其实与"性其总，合两也"同义，关键在于"合"。换言之，天命之性的根源在于神的"合一不测"和天的"参和不偏"。而性的这一"合"的本质倾向，禀赋于形体之中就成了一种朝向外的倾向："性通乎气之外"，也即超越形气之私、与他者建立起血脉感通的倾向。顺着这样的理解方向，我们可以清楚地看到张载的上述思考与明道"仁者，浑然与物同体""医书言手足痿痹为不仁，此言最善名状"等论述之间的对话关系。

天命之性与天、神的关联，在张载哲学中是相当明确的：

人能至诚则性尽而神可穷矣，不息则命行而化可

---

① 楼宇烈：《王弼集校注》，第196页。《老子指略》一文在宋代尚未散佚，《宋志》和《通志艺文略》均有著录，且均作王弼著。张载是否读过此文，不得而知。但他无疑是读过王弼《老子注》的。《正蒙·天道篇》："谷之神也有限，故不能通天下之声；圣人之神惟天，故能周万物而知。"（《张载集》，第15页）这里的"谷之神"，即出自王弼《老子注》。《老子注》中也有这类的表述，如第25章"字之曰道"云："言道，取于无物而不由也。"（《王弼集校释》，第63页）

知矣。①

　　人之刚柔、缓急、有才与不才，气之偏也。天本参和
不偏。②

前一条材料中，尽性即是穷神，尽性就是尽"合一不测"之神。
后一条材料，"气之偏"与天之"参和不偏"，二者分别对应气
质之性与天命之性。因此，天之"参和不偏"才是人的天命之
性的根源。而天之"参和不偏"与神之"合一不测"都是兼体
或通贯虚实的。

　　张载反对告子"生之谓性"的观点：

　　以生为性，既不通昼夜之道，且人与物等，故告子之
妄不可不诋。③

在他看来，以生为性，犯了两方面的错误：首先，人性被当成了
人的生物属性，从而将人性与物性混同起来，这是对孟子的反驳
的精练表达；其次，如果人性就是人的生物属性，那么，就无法
通贯幽明，生物属性依附于人有形的生命之体，是不能贯通到形

---

① 《正蒙·乾称篇》，《张载集》，第 63 页。
② 《正蒙·诚明篇》，《张载集》，第 23 页。
③ 同上书，第 22 页。

体消亡之后的，而真正的穷理尽性者，则一定是"散入无形，适得吾体；聚为有象，不失吾常"的。其中的"体"应该在"未尝无之谓体，体之谓性"这一语境下来理解，也就是说，这里的"吾体"即是"吾性"。无论聚散，"吾性""吾常"皆通贯始终。从表面上看，张载似乎只是在简单地批驳告子，而实质上，其背后的真正对象是释氏之学："释氏之说所以陷为小人者，以其待天下万物之性为一，犹告子'生之谓性'。今之言性者汗漫无所执守，所以临事不精。学者先须立本。"[1]释氏之说何以与告子"生之谓性"相类，原因不仅在于"人与物等"，还在于二者都"不通昼夜之道"。事实上，如果对人性的理解不能做到"散入无形，适得吾体；聚为有象，不失吾常"，而是只将其理解为依附于有形的生命之体的生物属性，那么，这样的人性在"散入无形"之后，显然也就无所依托，与肉身同时消灭了。[2]这样的理解，最关键的问题是无法面对死。如果不知死后"适得"吾性之全，而以为人死寂灭，则难免生恐惧之心。明道指出："佛学只是以生死恐动人"[3]，这从某个侧面提示出张载思考的背景。

---

[1] 《语录中》，《张载集》，第324页。

[2] "在张载，'散入无形，适得吾体；聚为有象，不失吾常'是自然的，与人为无关的，描写的是自然生死聚散的循环过程。"参见陈来：《诠释与重建：王船山的哲学精神》，北京大学出版社，2004年11月，第311页。

[3] 《二程集》，第3页。

为什么无论是告子的"以生为性"，还是张载本人提出的"气质之性"都不是真正意义上的人性呢？对于气质之性，张载明确指出：

> 形而后有气质之性，善反之则天地之性存焉。故气质之性，君子有弗性者焉。①

严格说来，气质之性并非真正意义上的人性。在张载那里，气质之性指的就是人的刚柔、缓急、才与不才。刚柔、缓急、才与不才，都没直接的道德属性。既是无善无恶，又是可善可恶的。如果说现实的人性是由纯善无恶的天命之性和无善无恶的气质之性构成的，那么，何以纯善无恶的天命经由无善无恶的气质之性表现出来，却有了善恶之分呢？

真正意义上的人性，必定是普遍的，是一切人都完具的：

> 天性在人，正犹水性之在冰，凝释虽异，为物一也。受光有小大、昏明，其照纳不二也。②

而个人禀性气质上的刚柔、善恶、智愚，则显然不是普遍性

---

① 《正蒙·诚明篇》，《张载集》，第23页。
② 同上书，第22页。

的。人的生物属性，如"口腹于饮食，鼻舌于臭味"，以及饮食、男女，同样不是普遍性的。一方面，这样的生物属性"不通昼夜之道"，不能通贯存没之全体；另一方面，即使就生存这一面说，我们也并不能说这些属性是人人完具的，至少，这些生物属性中的某些属性，是有可能缺失的，而且，即使缺失了，也并不因而就失去其作为人的存在。因此，严格说来，这些当然不是真正意义上的人性。从整体上把握张载关于人性的论述，我们将发现，对他所说的人性的理解至少要在形式上同时满足如下两个条件：其一，人性必须是真正普遍性的，即不论任何人，只要作为人存在，就始终完具；其二，人性不是直接现实性的，必须经由"成性"才能成为现实的。

进一步推论可知，真正意义的人性又必是不可改变的。因为，如果可以改变，也就可有可无，因而不再是普遍的：

德不胜气，性命于气，德胜其气，性命于德。穷理尽性，则性天德，命天理，气之不可变者，独死生修夭而已。故论死生则曰"有命"，以言其气也；语富贵则曰"在天"，以言其理也。此大德所以必受命，易简理得而成位乎天地之中也。①

---

① 《正蒙·诚明篇》，《张载集》，第23页。

而落在气的层面上，则只有"死生修夭"不可改变。"死生修夭"是每个人的定命，而"命于人无不正，系于顺与不顺而已"。①大德之"必受命"，即是顺命。事实上，唯尽性者才能顺命。人的禀性气质都是可以改变的，因此，不能以之为人的本性。

由以上几个标准来衡度，张载的人性就只能理解为本质的、不可磨灭的可能性。事实上，孟子的四端也正是由人的本质的不可磨灭的心理倾向，来指示出此种根源的可能性的存在。这种本质的、不可磨灭的可能性，正是人人完具、通贯始终的。而此种根源的可能性，虽然不能直接地成就善的人性，但却伴随着人在世的始终。当然，这只是对张载人性概念的形式上的把握。

天命之性的概念内涵在下面这则材料中有着明确地展示：

> 凡物莫不有是性，由通蔽开塞，所以有人物之别，由蔽有厚薄，故有智愚之别。②

这里，"通""开"与"蔽""塞"相对。蔽塞构成了对天命之性的遮蔽和阻滞，而开通则意味着天命之性的充分显发。张载人

---

① 《正蒙·诚明篇》，《张载集》，第 22 页。
② 《性理拾遗》，《张载集》，第 374 页。

性概念的观念内涵即是通。而通与感、神又有内涵上的交织："感而后有通，不有两则无一"；"凡气清则通，昏则壅，清极则神"。① 这样一来，在张载的论述中性与感的复杂关系也就落在了实处。事实上，感、通和作为"通之极"的神，都是天命之性的概念实质。性是感通的内在根据。

能够做到"德胜其气"，则"性命于德"，则"性天德，命天理"。而

> 所谓天理也者，能悦诸心，能通天下之志之理也。②

天理之所以为天理，就在于能通天下之志。圣人得天理之全，故"感人心以道"，是"以同而感"。③

天理既是"通天下之志之理"，也就是公：

> 天无心，心都在人之心。一人私见固不足尽，至于众
> 人之心同一则却是义理，总之则却是天。故曰天曰帝者，

---

① 《正蒙·太和篇》，《张载集》，第9页。这里的神是指"感而遂通"的状态，是"通之极"。不可理解为"鼓天下之动"的太极神体。

② 《正蒙·诚明篇》，《张载集》，第23页。

③ 《横渠易说·咸》，《张载集》，第125页。

　　皆民之情然也, 讴歌讼狱之不之焉, 人也而以为天命。①

　　《书》称天应如影响, 其福祸果然否? 大抵天道不可得而见, 惟占之于民, 人所悦则天必悦之, 所恶则天必恶之, 只为人心至公也, 至众也。民虽至愚无知, 惟于私己然后昏而不明, 至于事不干碍处则自是公明。大抵众所向者必是理也, 理则天道存焉, 故欲知天者, 占之于人可也。②

这两条材料, 都是对《孟子·万章上》所引《泰誓》之言"天视自我民视, 天听自我民听"的诠释。张载在这里强调的"众所向者必是理也""众人之心同一则却是义理", 可以视为中唐开始而在北宋稳定确立的"近世化"精神的集中体现。③人私己则昏而不明, 反之则公而明。即使是至愚之人, 在无关自己个人利害的事情上, 也自然能以公心待之。故成善即在于超越自己的形气之私, 而达到人心通同之公。在宋代道学话语的建构中, 对仁的解释和阐说是至关重要的。明道侧重以知觉言

---

① 《经学理窟·诗书》,《张载集》, 第 256 页。

② 同上。

③ 有关唐宋之际转型的"近世化"的问题, 参见陈来:《宋明理学》及《中国近世思想史研究》(商务印书馆, 2003 年 10 月);汪晖:《现代中国思想的兴起》, 生活·读书·新知三联书店, 2004 年 7 月。这些论述, 都受到了 20 世纪 20—40 年代内藤湖南、宫崎市定等人"宋代资本主义"和"东洋的近世"等重要命题的影响, 参见《日本学者研究中国史论著选译》, 中华书局, 1992 年 7 月。

仁，伊川则以为惟公近仁。[①] 张载对仁没有做正面的特别发挥，但所论性感之理，仍然构成了对仁的理解。相比于明道、伊川，张载则二者兼重，将感通（知觉）与公贯通为一。

由于人性是根源性的不可磨灭的可能性，因此，要在人生的历程中实现出来，就需要一个"成性"的过程：

> 一阴一阳是道也，能继继体此而不已者，善也。善，犹言能继此者也；其成就之者，则必俟见性，是之谓圣。仁者不已其仁，姑谓之仁；知者不已其知，姑谓之知；是谓致曲，曲能有诚也，诚则有变，必仁知会合乃为圣人也。[②]
>
> 性未成则善恶混，故亹亹而继善者斯为善矣。恶尽去则善因以成，故舍曰善而曰"成之者性也"。[③]

气化之道的纲缊不息，是善的根源。善就是能继体气化之不息。善之不已方始为善。从人的本然之性看，人是随时都有为善的可能性的。但为善绝非可以一次性完成的。仅仅偶然的善行，并不足以使人成为善人。只有亹亹相继，为善不息，才是

---

① 参见陈来：《论宋代道学话语的形成和转变》，《中国近世思想史论》，第 54—59 页。

② 《横渠易说·系辞上》，《张载集》，第 187 页。

③ 同上书，第 187—188 页。

真正的善者。由于为善是不能止息的，因此严格说来，不能说
"成善"，而只能说"成之者性"。继继不已之善是人的天命之性
充分实现以后的结果，因此才说："善，犹言能继此者也；其成
就之者，则必俟见性。"只有成性者，方能继善不已。

在张载的哲学话语中，性与命常常是成对出现的概念。对
二者之间的关系做必要的分疏，将有助于我们更全面地把握他
关于人性的思考：

> 天所性者通极于道，气之昏明不足以蔽之；天所命者
> 通极于性，遇之吉凶不足以戕之；不免乎蔽之戕之者，未
> 之学也。性通乎气之外，命行乎气之内，气无内外，假有
> 形而言尔。故思知人不可不知天，尽其性然后能至于命。[1]
> 　　性其总，合两也；命其受，有则也；不极总之要，则
> 不至受之分，尽性穷理而不可变，乃吾则也。天所自不能
> 已者谓命，物所不能无感者谓性。虽然，圣人犹不以所可
> 忧而同其无忧者，有相之道存乎我也。[2]

性与命都根源于超越性的天。而落实到具体有形的个体生命

---

① 《正蒙·诚明篇》，《张载集》，第 21 页。
② 同上书，第 22 页。

中，则有不同的作用方向。性指向对形气所限的超越，而命则作用于既有的形气之内。命受自于天，是禀受于天的"分"。此处引用的第二条材料中的"则不至受之分"的"分"字，当读为"本分"的分，指的是人的不可消解的义务。具体的个体生存，一自受气成形，就禀得了他特定的分位，以及与此分位相关的义务的整体。对于每一个特殊的人来说，义务固然是个殊的，但这些个殊的义务同时又是人人皆需承担的普遍义务的具体表现，《中庸》云："天下之达道五，所以行之者三：曰君臣也，父子也，夫妇也，昆弟也，朋友之交也。五者天下之达道也。"这普遍的义务，是不因遭际之吉凶而有所改变的。"分"作为"天所命者"，"通极于性"。性与命在某种本质的关联中，彼此相互规定：性指向超越的感通，而命则为这感通规定了内容。离开了性的超越的感通，命作为定分就会流于狭隘，如能老吾老而不能及人之老，甚至全然囿于一己之私；而离开了命的规定（"命其受，有则也"），性的超越则会流荡为无原则的感通。实际上，尽性与至命是一得俱得，一失俱失的。能尽性者，必能至命，反之亦然。这里所说的命，显然不同于以人生际遇为内容的命运，也与"气之不可变者"的生死修夭无关，而是人禀自天的本分。

二　论　心

在《正蒙·太和篇》中，张载对天、道、性、心等概念给出了明确的界定：

> 由太虚，有天之名；由气化，有道之名；合虚与气，有性之名；合性与知觉，有心之名。[①]

从贯通整个段落的"有……之名"的表述方式看，此段是在凸显和强调各概念分别指涉同一实体的哪些侧面。这在道学传统中，是非常普遍的。程颐也有类似的表述，如说："在天为命，在义为理，在人为性，主于身为心，其实一也。"[②] 正如我们前面指出的那样，"由……有……之名"这样的表达方式里，似乎有王弼的影响。与"合虚与气，有性之名"同样，这一句的完整表达，应该是"由合性与知觉，有心之名"。要想真正把握这句话的内涵，我们必须先来讨论张载哲学中心与性和知觉的关系。

关于心和性的关系，张载有深入的洞察：

---

① 《正蒙·太和篇》，《张载集》，第 9 页。
② 《二程集》，第 204 页。

心能尽性，"人能弘道"也；性不知检其心，"非道弘
人"也。①

利者为神，滞者为物。是故风雷有象，不速于心，心
御见闻，不弘于性。②

前一条材料是对《论语·卫灵公篇》"人能弘道，非道弘人"的
解释。这里，道和性作为形上者，没有自动实现自身的必然
性。只能经由具有主体性和能动性的人心的作用，道和性才能
得到充分的实现。"性不知检其心"，明确道出心具有不受性支
配的独立性质和作用。后一条材料则着眼于心的作用特点。心
属于"利者"，而"利，流通之义"③。流通不滞之心，速于风
雷。而心囿于见闻，与贯通虚实内外的性相比，要拘碍狭小得
多。这里，心小性大的观念，再一次强调了心与性的区别。

张载关于性与情关系的论述，对于我们更深入地理解心性
关系，极有助益。对于情的根源，张载论曰：

气本之虚则湛一无形，感而生则聚而有象。有象斯有
对，对必反其为；有反斯有仇，仇必和而解。故爱恶之情

---

①　《正蒙·诚明篇》，《张载集》，第 22 页。

②　同上书，第 23 页。

③　《横渠易说·乾》，《张载集》，第 78 页。

> 同出于太虚，而卒归于物欲，倏而生，忽而成，不容有毫
> 发之间，其神矣夫！①

在湛一无形的太虚阶段，是无所谓情的。当太虚之气聚而为象，就有了分别和对立。对立的两方面因趋向的相反而相互冲突，冲突最终又必然因调和而消解。对立的象之间的冲突与和解是爱与恶这两种根本情感的来源。

在解释《乾》卦《文言》的"利贞者，性情也"时，张载阐发了他对性情关系的理解：

> "利贞者，性情也"，以利解性，以贞解情。利，流通
> 之义，贞者实也；利，快利也，贞，实也；利，性也，
> 贞，情也。情尽在气之外，其发见莫非性之自然，快利尽
> 性，所以神也。情则是实事，喜怒哀乐之谓也，欲喜者如
> 此喜之，欲怒者如此怒之，欲哀欲乐者如此乐之哀之，莫
> 非性中发出实事也。②

这里，情是性的自然发显，是性中发出的实事。因此，性和情

是一致的。在另外一则材料中，张载哲学中性与情的关系更为明确："心统性情者也。有形则有体，有性则有情。发于性则见于情，发于情则见于色，以类而应也。"[1] 在张载的哲学中，情与性一样，也不具有统摄和检省自身的主体性和能动性。而"心统性情"，则凸显了心的主体性。[2]

心与知觉的关系，是理解和把握张载哲学中心的概念的另一重要侧面：

> 若以闻见为心，则止是感得所闻见。亦有不闻不见自然静生感者，亦缘自昔闻见，无有勿事空感者。[3]

> 闻见不足以尽物，然又须要他耳目。不得则是木石，要他便合得内外之道，若不闻不见又何验？[4]

一方面，如果仅仅以所闻所见的内容为心，心就完全被拘蔽于

---

[1] 《性理拾遗》，《张载集》，第 374 页。

[2] "心统性情"的"统"字，朱子认为其主要意义是"兼"和"包"。参见陈来：《宋明理学》，第 174 页。朱子的这一解释更多地着眼于心、性、情之间的结构关系。然而，根据整段文字的具体语境，"心统性情"这一命题更多的是在强调心的功能和作用，而不是在讲心性结构。因此，这里"统"似应解释为"统领""统摄"的意思。这与他"心能尽性""性不知检其心"的观点是一致的。

[3] 《语录上》，《张载集》，第 313 页。

[4] 同上。标点略有改动。

个人的感官世界当中；另一方面，所闻所见虽然有可能拘蔽人心，但不能因此就以为可以放弃和摆脱闻见的官能。因为如果没有闻见的感觉官能，人也就没有了贯通内外的渠道，从而被降低为木石之类的存在了。

知觉能力、知觉内容与心的关系，相当复杂：

> 由象识心，徇象丧心。知象者心，存象之心，亦象而已，谓之心可乎？①

象是心的内容。心能知象，但不能将心中所存之象与心混同起来。心的知觉能力，总是与知觉内容相伴随的，但如果因此而将心等同为知觉的内容，就成"徇象丧心"了。因为知觉的具体内容总是有限的，但知觉能力本身却可以是无限的。

通过上面对心与性、心与知觉之间关系的分析，我们看到，心处在性与知觉所构成的张力之间。性是人的有限存在中的一种超越性的倾向，这种倾向总体现为一种普遍的关联和感通："有无虚实通为一物者，性也；不能为一，非尽性也。"②而知觉则总是把人限制在有限性和具体性当中。但如果没有知

---

① 《正蒙·大心篇》，《张载集》，第 24 页。
② 《正蒙·乾称篇》，《张载集》，第 63 页。

觉，不具主体性和能动性的人性本身无法实现自身；而如果心仅仅是感知有限存在的知觉能力，那么，人也就始终只能处于气拘物蔽之中，没有了超越的可能。这样一来，所谓"合性与知觉，有心之名"，也就意味着心是一种能将性贯通到知觉当中，同时赋予性以能动性的主体性作用。

三　心与知

在张载的哲学中，心与心的内容是被严格区分开来的：

> 有无一，内外合，（自注：庸圣同。）此人心之所自来也。若圣人则不专以闻见为心，故能不专以闻见为用。无所不感者虚也，感即合也，咸也。[①]
>
> 心所以万殊者，感外物为不一也，天大无外，其为感者，絪缊二端而已焉。[②]

这里，"有无一，内外合"强调的不是作为主体的心，而是心的内容的来源。人心因所感万物之不一，所以有种种不同。

[①] 《正蒙·乾称篇》，《张载集》，第63页。
[②] 《正蒙·太和篇》，《张载集》，第10页。

人心的内容总是来源于对外物的感知：

> 寤，形开而志交诸外也；梦，形闭而气专乎内也。寤
> 所以知新于耳目，梦所以缘旧于习心。医谓饥梦取，饱梦
> 与，凡寤梦所感，专语气于五藏之变，容有取焉尔。[①]
> 若以闻见为心，则止是感得所闻见。亦有不闻不见自
> 然静生感者，亦缘自昔闻见，无有勿事空感者。[②]

当人清醒时，心的内容来源于耳目所感知的新事物。而处于梦寐
中时，梦的内容则来自以往的见闻。医家常将梦与五脏之变联系
起来，但五脏的变化也须借取以往的所见所闻，才能形成具体的
梦境。总之，心的所有内容都源于闻见，"无有勿事空感者"。

张载对知与心灵的意识内容的关系，做了深入的思考：

> 人谓己有知，由耳目有受也；人之有受，由内外之合
> 也。知合内外于耳目之外，则其知也过人远矣。[③]

一般人之所以认为自己有知识，是由于耳目的所闻所见。但在

---

① 《正蒙·动物篇》，《张载集》，第 20 页。

② 《语录上》，《张载集》，第 313 页。

③ 《正蒙·大心篇》，《张载集》，第 25 页。

张载看来，真正的知并不在此。从"人谓己有知"这样的表达方式看，此种对知的理解是张载并不认同的。

而这种对知的误解，又是根源性的。人之所以不能与天为一，其根本原因就在于沉陷到了这一误解当中：

> 成吾身者，天之神也。不知以性成身而自谓因身发智，贪天功为己力，吾不知其知也。民何知哉？因物同异相形，万变相感，耳目内外之合，贪天功而自谓己知尔。[①]

一般人的自认为有知，其实不过是"贪天功为己力""贪天功而自谓己知"罢了。人的闻见之知不过是万物万变相感相合的结果，如果不知道这些所谓的知识其实归本于天道神化的作用，而妄自据为己有，这样就会陷入种种"思虑知识"当中。而"'不识不知，顺帝之则'，有思虑知识，则丧其天矣"[②]。这里，"贪天功为己力"和"自谓己知"具体表现出来，就是对独知小慧的沉迷。

只有那些知道"合内外于耳目之外"的人，才能拥有真知。而这一真知，也就是张载所说的"德性所知"：

---

① 《正蒙·大心篇》，《张载集》，第25页。
② 《正蒙·诚明篇》，《张载集》，第23页。

> 大其心则能体天下之物，物有未体，则心为有外。世
> 人之心，止于闻见之狭。圣人尽性，不以见闻梏其心，其
> 视天下无一物非我，孟子谓尽心则知性知天以此。天大无
> 外，故有外之心不足以合天心。见闻之知，乃物交而知，
> 非德性所知；德性所知，不萌于见闻。①

值得注意的是，"德性所知"这一概念的提出，并不意味着张载
在认识论上有所谓先验论的倾向。事实上，用"认识论"这样的
概念把握张载有关知的种种论述，这在方法论上是很成问题的。
因为张载关于知的种种思考，与认识论的致思方向有着质的不
同。"德性所知，不萌于见闻"，强调的是"德性所知"的内容不
是从见闻中生发出来的。德性之知不能从见闻中生发出来，是不
是就意味着其中也不包含经验内容呢？而如果德性之知中不包含
经验内容，那么德性所知的到底是些什么东西呢？

张载对"独见独闻"与"共见共闻"的区分，对于我们了
解德性所知的内容是至为关键的：

> 独见独闻，虽小异，怪也，出于疾与妄也；共见共

---

① 《正蒙·大心篇》，《张载集》，第 24 页。

闻，虽大异，诚也，出阴阳之正也。①

个人独有的经验内容，或出于疾，或出于妄。这里的"妄"其
实就是前面谈到的"贪天功为己力"和"自谓己知"的具体表
现。而"共见共闻"，则属于真知。在张载看来，"一人私见固
不足尽，至于众人之心同一则却是义理"②。众人之心所共见
共闻的，也就是符合义理的真知。与此种"共见共闻"关联在
一起的"诚"字，提示出了其与"诚明所知"的关联。而"诚
明所知乃天德良知，非闻见小知而已"③。由此可知，"共见共闻"
其实正是"德性所知"和"诚明所知"的内容。而这也就意味
着，德性之知虽然不能从个体的经验内容中生发出来，但并非
没有经验内容包含其中。比如，张载说"大其心则能体天下之
物"。"体天下之物"无疑是德性所知的内容，这一内容当然不
能从任何人的个体经验中生发出来，因为无论多么丰富的个体
经验，也不能历遍天下之物。既然这一德性之知不是从经验中
生发出来的，那么，就只能来自对自己内在固有的某种普遍的
超越性本质的觉察。但德性之知并不因此而流于抽象，而总是
体现为有具体经验内容的感知。"体天下之物"既指向一种普

---

① 《正蒙·动物篇》，《张载集》，第 20 页。
② 《经学理窟·诗书》，《张载集》，第 256 页。
③ 《正蒙·诚明篇》，《张载集》，第 20 页。

遍地体贴和感知事物的能力，同时也指向此种能力带来的感知内容。

事实上，德性之知与闻见之知的区别从根本上源于看待和感受事物的方式的差异。当我们站在自己的立场上把一己的所见所闻视为真正的知识，并以之为自身谋利之时，我们的所有知识就都属于"闻见小知"。而当我们放弃此种自我中心主义的立场，从天地万物一体之仁的角度来理解和看待身边的人和事时，我们的所见所闻也就成了德性之知。此种对"闻见小知"的超越，是以充分认识和实现自己的本性为前提的：

> 闻见不足以为己有，"仁者见之谓之仁，知者见之谓之知"，心各见本性，始为己有，苟未见性，须当勉勉。今学者既知趋向，殊不费力，何为不勉勉！ ①

这里，我们可以将张载的这一思想称为主体性的辩证法：人越是高扬个人的主体性，将一己的所闻所见视为己有，反而越远离真正的主体地位；人越是能克服私我，反而越能认识和把握真正属于自己的东西，越能充分实现自己的内在本性，从而拥有最高的主体性。这种最高的主体性，在张载的哲学中体现为

---

① 《横渠易说·系辞上》，《张载集》，第188页。

人心与"天心"的统一。与黑格尔所说的"理性的狡计"不同，"天心"不会像绝对精神那样在人追求个人欲望的满足的过程中自主地实现自身，而只能经由人的自觉才能在人类社会中实现出来。

四 文字与心

与二程相比，张载对文字与书写的强调显得格外突出。在谈到张载的《西铭》时，程颢说："《西铭》某得此意，只是须得他子厚有如此笔力，他人无缘做得。"[1] 显然，在程颢看来，文字与心是可以分割开来的。文字之高下与心灵和见识之间并无必然的关联。另外，《二程外书》中有一则材料，也可以从中看出两者间的不同："张横渠著《正蒙》时，处处置笔砚，得意即书。伯淳云：'子厚却如此不熟。'"[2] 在二程那里，文字书写只是传达内心的媒介而已，既不是心体不可分割的部分，也不是持心的必要手段。

但在张载看来，文字表达与人的心灵境界是关联在一起的：

---

① 《二程集》，第39页。
② 同上书，第427页。

> 学未至乎知德，语皆有病。形而上者，得辞斯得象矣，故变化之理须存乎辞。言，所以显变化也。《易》有圣人之道四焉，而曰"以言者尚其辞"，辞者，圣人之所重。①

如果一个人的心灵尚未达到饱满圆熟的地步，他用来传达义理的文字也就必定会有种种弊病。而之所以如此，是因为语言文字所要传达的是形而上的变化之理。而"所以难命辞者，只为道义是无形体之事。今名者已是实之于外，于名也命之又差，则缪益远矣"②。用语言文字把握形而上的道义，已经是著于形迹了，如果再因为遣词命字上的差谬，"以语言复小却义理"③，那就会导致差之毫厘、谬以千里的讹误。只有义理精熟、心灵纯备的圣人，才能做到以辞尽理："人言命字极难，辞之尽理而无害者，须出于精义。《易》有圣人之道四，曰以言者尚其辞，必至于圣人，然后其言乃能无蔽，盖由精义所自出也，故辞不可以不修。"④

不仅是文字表达，对于经典义理的理解和把握也与心灵境界有着必然的关联：

---

① 《横渠易说·系辞上》，《张载集》，第198页。
② 《经学理窟·学大原下》，《张载集》，第284页。
③ 《经学理窟·义理》，《张载集》，第278页。
④ 《横渠易说·系辞上》，《张载集》，第198页。

　　博大之心未明，观书见一言大，一言小，不从博大中
来，皆未识尽。既闻中道，不易处且休，会归诸经义。己
未能尽天下之理，如何尽天下之言！闻一句语则起一重
心，所以处得心烦，此是心小则百物皆病也。[1]

与今天流行的解释学立场迥异其趣，张载认为经典是有其本义
的："有言经义须人人说得别，此不然。天下义理只容有一个
是，无两个是。"[2]经典的本义只有一个，但当"博大之心未明"
时，不免随文解义，起伏不定。如此读书，不仅无助于持心，
反而更增烦扰。而归根结底，还是因为心境狭小的缘故。

　　在张载那里，文字书写也是持心的重要手段：

　　学者潜心略有所得，即且志之纸笔，以其易忘，失其
良心。若所得是，充大之以养其心，立数千题，旋注释，
常改之，改得一字即是进得一字。始作文字，须当多其词
以包罗意思。[3]

凡有所得，就要用纸笔记录下来。否则，本已想通的义理一旦

---

① 《经学理窟·义理》，《张载集》，第 277 页。
② 同上书，第 275 页。
③ 同上书，第 375 页。

忘却，等于失去了已经获得的"良心"。在自己的札记上常常思索，每改进一字，对义理的理解也就增进一字。张载在讲述自己晚年的进境时说："某比年所思虑事渐不可易动，岁年间只得变得些文字，亦未可谓辞有巧拙，其实是有过。若果是达者，其言自然别，宽而约，没病痛。有不是，到了是不知。"① 在他看来，文字的变化并不只是辞的巧拙的问题，而是对义理的见解是否透达无蔽的表现。他甚至认为在为学的过程中，记诵经典也是不可或缺的步骤："经籍亦须记得，虽有舜禹之智，吟而不言，不如聋盲之指麾。故记得便说得，说得便行得，故始学亦不可无诵记。"② 这无疑与二程的理路有着显见的不同。③

---

① 《语录下》，《张载集》，第329页。
② 《经学理窟·义理》，《张载集》，第277页。
③ 《二程外书》有一则记载，可以彰显出两者的差异："明道见谢子记问甚博，曰：'贤却记得许多。'谢子不觉身汗面赤。先生曰：'只此便是恻隐之心。'"（《二程集》，第427页）

第八章　成　性

　　北宋道学作为整个儒学复兴运动的主要脉络之一，在承载了为儒家生活方式奠定形上学基础这一文化使命的同时，也为此种生活方式在现实世界中的典范性实现指明了实践的方向。其中，几乎所有义理的讨论都有其相应的方法论指向。而一种行之有效的道德涵养方法的建构，在某种意义上也就成了其形上学构造是否真实的试金石。① 个体德性之成就，在张载的哲学中是以"成性"这一概念来表达的。与二程在相关问题上圆熟的论述相比，张载的方法论提点更为质朴，也更具"原儒"的色彩。在"下学"一面的周详缜密，使得张载关于"上达"这一层面的思考更为笃实正大，根本上杜绝了因过分圆熟而流

---

　　①　事实上，随着宋明理学的发展和深化而来的种种学派的分歧，其背后往往以其工夫论上的渊源为动力。朱陆的"鹅湖之辩"，以及王门后学中王龙溪与聂双江的格物之辩，都必须以此为线索，方能得到切当的理解。

于虚玄的危险。①

一　大与化

对于成德的次第，张载作了周详深细的思考。他用自己的哲学话语解释和发明了《孟子》有关"美""大""圣""神"之境的思想：

> 可欲之谓善，志仁则无恶也。诚善于心之谓信，充内形外之谓美，塞乎天地之谓大，大能成性之谓圣，天地同流、阴阳不测之谓神。②

这里"塞乎天地之谓大"，可以视为由"大其心则能体天下之物"③所达致的一种人格境界。显然，"大"还只是一个中间的阶次。而"大"与"圣"之间的根本区别在于是否已经"成性"。"神"不是"圣"之上的另一更高阶次："圣位天德不可致知谓神。故

---

①　这一思想风格当然与张载的个人气质有关，但更多的可能是出于如何更广泛地接引来学者的考虑。张载曾说："某唱此绝学亦辄欲成一次第，但患学者寡少，故贪于学者。"（《语录下》，《张载集》，第 329 页）

②　《正蒙·中正篇》，《张载集》，第 27 页。

③　《正蒙·大心篇》，《张载集》，第 24 页。

神也者，圣而不可知。"①

在解释《乾》卦九五爻辞时，张载说："乾之九五曰：'飞龙在天，利见大人'，乃大人造位天德，成性跻圣者尔。"②这里，"天德"这一概念是值得注意的。张载将"天德"与"天道"对举，并与神、化等概念关联起来："神，天德，化，天道。德，其体，道，其用，一于气而已。"③与"天德"连用的动词是"位"或"造位"，这是在强调"天德"作为一种最高的成德阶次，一旦达致，即不可转退。在张载看来，《乾》卦九五象征了道德人格的最高成就："九五，大人化矣，天德位矣，成性圣矣。"④对这一段话切忌笼统地理解，需明确每一句话的具体指向。与上面"天德""天道"一段关联起来，我们可以确切地知道，"大人化矣"强调的是由外在的施用而来的功业，"天德位矣"强调的是内在的道德成就，"成性圣矣"则强调此种德性阶次的无可退转。⑤

---

① 《正蒙·神化篇》，《张载集》，第 17 页。

② 《正蒙·大易篇》，《张载集》，第 50 页。

③ 《正蒙·神化篇》，《张载集》，第 15 页。

④ 《横渠易说·乾》，《张载集》，第 73 页。

⑤ 对于"成性"之后德性的不可退转，张载有明确的论述："大抵语勉勉者则是大人之分也，勉勉则犹或有退，少不勉勉斯退矣，所以须学问。进德修业，欲成性也，成性则从心皆天也。所以成性则谓之圣者，如夷之清，惠之和，不必勉勉。彼一节而成性，若圣人则于大以成性。"（《横渠易说·乾》，《张载集》，第 77—78 页）

"大"与"圣""化"之间，有一条不可以"思勉""智力"
超越的界线，仿如天之不可阶而升：

> 故于此爻却说，"大人者与天地合其德，与日月合其
> 明，与四时合其序，与鬼神合其吉凶"，如此则是全与天
> 地一体，然不过是大人之事，惟是心化也。故尝谓大可为
> 也，大而化不可为也，在熟而已。盖大人之事，修而可
> 至，化则不可加功，加功则是助长也，要在乎仁熟而已。
> 然而至于大以上自是住不得，言在熟极有意。大与圣难于
> 分别，大以上之事，如禹、稷、皋陶辈犹未必能知，然须
> 当皆谓之圣人，盖为所以接人者与圣同，但己自知不足，
> 不肯自以为圣。①

"大"的道德阶次是可以通过涵养工夫来达到的，但要到"大
而化"的高度，则不能再施加任何著于形迹的功夫。"加功"
就等于《孟子》所说的"助长"。"大"要进至于"化"，唯在
于"仁熟"。此处的"熟"，不应读为熟悉、熟练之熟，而应读
为果实成熟之熟。"仁熟"指向的道德成长路径，其要在于像
果实成熟一般自然而然。仿如耕种，春夏之时要加耕耘灌溉之

---

①　《横渠易说·乾》，《张载集》，第77页。

功，待近秋时节，果实已成而未熟之际，如果仍加培灌，恐怕不唯无益，反生患害。在张载看来，由"大"进于"化"，只是一个时间的问题，因为"大以上自是住不得"。而且，尽管张载非常强调"大"与"化"的区别，但他同时又强调"大"与"圣""化""难于分别"。因为，其中的区别从外在表现上是无从分辨的。

由"大"与"化"的区别可知，张载涵养工夫的直接目标指向的是"大人"人格的成就。

二　变化气质与虚心

在一般的理解中，张载是以天地之性和气质之性的混合来把握现实的人性的。因此，人之善恶就源于气禀的清浊。为学的目标，就在于通过后天的道德涵养来改变人的气质。关于气质之性的问题，我们在"心性论"一章已经给出了详细的辨析。张载的确强调变化气质，但变化气质只是成性的一个环节，而非志学的根本目标：

> 为学大益，在自求变化气质，不尔皆为人之弊，卒无所发明，不得见圣人之奥。故学者先须变化气质，变化气

质与虚心相表里。①

很显然，变化气质是为学的初阶，进德的入手处。

对于气、习、性、学的关系，张载有深入的讨论：

吕与叔资美，但向学差缓，惜乎求思也褊，求思虽犹
似褊隘，然褊不害于明。褊何以不害于明？褊是气也，明
者所学也，明何以谓之学？明者言所见也。大凡宽褊者是
所禀之气也，气者自万物散殊时各有所得之气，习者自胎
胞中以至于婴孩时皆是习也。及其长而有所立，自所学者
方谓之学，性则分明在外，故曰气其一物尔。气者在性学
之间，性犹有气之恶者为病，气又有习以害之，此所以要
鞭辟至于齐，强学以胜其气习。其间则更有缓急精粗，则
是人之性虽同，气则有异。天下无两物一般，是以不同。
孔子曰："性相近也，习相远也"，性则宽褊昏明名不得，
是性莫不同也，至于习之异斯远矣。虽则气禀之褊者，
未至于成性时则暂或有暴发，然而所学则却是正，当其如
此，则渐宽容，苟志于学则可以胜其气与习，此所以褊不

---

① 《经学理窟·义理》，《张载集》，第274页。

害于明也。①

这一段议论是就吕大临的个人气质而发。其中"性则分明在外"
一句，颇难索解。从下面一句"故曰气其一物尔"看，这句话
显然与《正蒙·乾称篇》的"性通极于无，气其一物尔；命禀
同于性，遇乃适然焉"②一节有关。而"性通极于无"一节则
又与《正蒙·诚明篇》"天所性者通极于道，……性通乎气之外"③
一段相互发明。因此，这里的"性则分明在外"，应该理解为"性
则分明超越于有形的气质之外"。从此段开头所述"某比年所思
虑事渐不可易动，岁年间只得变得些文字"，以及"故曰气其一
物尔"这样对《正蒙》中较为成熟的文字的逐字引用看，应该
是张载晚年的自述。"性则宽褊昏明名不得"当与《正蒙·诚明
篇》的"故气质之性，君子有弗性者焉"④合观。换言之，在
张载那里，只有天地之性才是真正意义上的人性。而人性"莫
不同也"。气与习都对人性的充分实现有负面的影响，但气是先
天的禀赋，习则是后天的染得。唯有强学，方能克服气与习的
障蔽。而学属于明，故有"褊不害于明"之说。

---

① 《语录下》，《张载集》，第 329—330 页。
② 《正蒙·乾称篇》，《张载集》，第 64 页。
③ 《正蒙·诚明篇》，《张载集》，第 21 页。
④ 同上书，第 23 页。

虽然从道理上讲，气质都是可以改变的："气之不可变者，独死生修夭而已。"①但在具体的修养实践中，要从根本上彻底改变一个人的气禀，恐怕还是不现实的。所以，张载更强调"胜"其气习。而在志与气的关系上，张载的表述尤值深味：

> 人之气质美恶与贵贱夭寿之理，皆是所受定分。如气质恶者学即能移，今人所以多为气所使而不得为贤者，盖为不知学。古之人，在乡间之中，其师长朋友日相教训，则自然贤者多。但学至于成性，则气无由胜，孟子谓"气壹则动志"，动犹言移易，若志壹亦能动气，必学至于如天则能成性。②

对于《孟子》的"志壹则动气，气壹则动志"，二程的解释显然更直截，也更贴近本意："诚然矣，志壹则动气。然亦不可不思气壹则动志。……然志动气者多，气动志者少。"③从此节中的"若志壹亦能动气"这一表述看，张载似乎是认为"气动志"比"志动气"更普遍。只有到了成性的阶次，才可能真正摆脱为气所胜的境况。而正如我们在上一节讨论过的，成性已经是道德

① 《正蒙·诚明篇》，《张载集》，第 23 页。
② 《经学理窟·气质》，《张载集》，第 266 页。
③ 《二程集》，第 10 页。

涵养的最高层次了。张载对这一问题的思考，显然与他个人的身心验证有关。他在述及自己的气质之偏时曾说："某只是太直无隐，凡某人有不善即面举之"[①]；又说："某旧多使气，后来殊减，更期一年庶几无之，如太和中容万物，任其自然"[②]；由中可见胜气之难。

"变化气质与虚心相表里"是一个非常重要的论述，不能简单地略过。张载非常强调"虚心"对于德性成长的重要性：

> 今人自强自是，乐己之同，恶己之异，便是有固、必、意、我，无由得虚。学者理会到此虚心处，则教者不须言，求之书，合者即是圣言，不合者则后儒添入也。[③]

在前面讨论诚与妄之别时，我们曾指出凡伪妄不真的东西，同时也就背离了道德价值。诚即天理，妄即曲邪。而所有的伪妄之物，皆源自根于一己之私的"固、必、意、我"。而唯有"虚心"，方能克去己私，因此，张载又说："虚心然后能尽心。"[④]

---

① 《经学理窟·学大原上》，《张载集》，第 282 页。

② 同上书，第 281 页。

③ 《经学理窟·义理》，《张载集》，第 272 页。

④ 《语录中》，《张载集》，第 325 页。

而"虚心"其实是"变化气质"的根本,气质之改变只不过是"虚心"的外在表现而已。张载有时亦用"客气"一词指称需加改变的气质:

> 学者先须去客气,其为人刚,行则终不肯进,"堂堂乎张也,难与并为仁矣"。盖目者人之所常用,且心常记之,视之上下且试之。己之敬傲必见于视,所以欲下其视者,欲柔其心也,柔其心则听言敬且信。①

"客气"之"客",当与"其聚其散,变化之客形"这一论述中"客"的观念有关。客形为暂寄之形。自强自是的刚者,往往果于自信,结果反于暂寄之形的种种情状执持甚固。由此而来的倨傲自大,实为进德之途的绝大障碍。因此,张载要求进学者先从身体姿态上(如"下其视")入手,以柔其心。由柔心进而虚心,方能去其客气。由此而入进德之初阶。

三 弘大与谨敬

张载强调学者要在弘大处立心。苦心求索,所得虽深,不

---

① 《经学理窟·气质》,《张载集》,第268页。

免有害：

> 学者言不能识得尽，多相违戾，是为无天德，今颦眉
> 以思，已失其心也。盖心本至神，如此则已将不神害其至
> 神矣。①

心本具"感而遂通"之虚灵神应，刻意深思，以求有见，便妨
碍了至虚至神的本源心体。因此，"精思洁虑以求大功，则其心
隘，惟是得心弘放得如天地易简，易简然后能应物皆平正"②。

急切促迫则心隘，心隘则无从见理：

> 有急求义理复不得，于闲暇有时得。盖意乐则易见，
> 急而不乐则失之矣。盖所以求义理，莫非天地、礼乐、鬼
> 神至大之事，心不弘则无由得见。③

因为之所以要做学问思辨的工夫，就是要明了天地、礼乐、鬼
神等至大之事的道理。这些至大之事的道理，是不会在狭隘拘
蔽的心灵中完整地呈现的。

---

① 《经学理窟·义理》，《张载集》，第 275 页。
② 《经学理窟·学大原下》，《张载集》，第 284—285 页。
③ 《经学理窟·义理》，《张载集》，第 276 页。

同样的事理, 以弘大之心观之, 则所得所见自与拘隘之心不同:

> 求养之道, 心只求是而已。盖心弘则是, 不弘则不是, 心大则百物皆通, 心小则百物皆病。①

心弘大则能容物, 对于事物的存在之理有贴切的体味, 最终达到"正己而物正"; 心狭隘则常弃物, 往往依己意斧凿万物, 追求的是"正己而正物","犹不免有意之累"。②

然而, 仅仅追求心的弘大, 也不无弊病。需弘大与谨敬兼具:

> 若心但能弘大, 不谨敬则不立; 若但能谨敬而心不弘大, 则入于隘, 须宽而敬。③

单纯追求弘大宽容, 则往往忽视了原则和界线; 而一味地强调谨敬, 则有不能容物的危险。

就个人所禀得的气质而言, 大抵有"刚"和"和"这样两

---

① 《经学理窟·气质》,《张载集》, 第 269 页。
② 《正蒙·中正篇》,《张载集》, 第 28 页。
③ 《经学理窟·气质》,《张载集》, 第 265 页。

种极端的倾向。性刚的弊病在于自强自是，不能虚心 ①；性和的弊病则是自放自随，不能立己。只有刚和相济，方能既立且达：

> 性刚者易立，和者易达，人只有立与达。"己欲立而立人，己欲达而达人"，然则刚与和犹是一偏，惟大达则必立，大立则必达。②

在这一段文字里，张载在立与达之间构造了一个对立，用以指称由气禀之刚和而来的涵养倾向的不同。这样的构造，赋予了《论语》中这一重要论述原本没有的义理内容，丰富并拓展了原

---

① 在讨论"虚心"的问题时，张载曾强调"其为人刚，行则终不肯进"；但与此同时，张载又认为唯有刚者方能克己。在解释《周易》《大壮》卦时，他论述了"刚强壮健之德"的重要性："克己，下学上达交相养也，下学则必达，达则必上，盖不行则终何以成德？明则诚矣，诚则明矣，克己要当以理义战退私己，盖理乃天德，克己者必有刚强壮健之德乃胜己。'雷在天上，大壮，君子以非礼弗履。'夫酒清人渴而不敢饮，肴乾人饥而不敢食，非强有力者不能人所不能。人所以不能行己者，于其所难者则惰，其异俗者虽易而羞缩。惟心弘则不顾人之非笑，所趋义理耳，视天下莫能移其道。然为之人亦未必怪，正以在己者义理不胜惰与羞缩之病，消则有长，不消则病常在，消尽则是大而化之之谓圣。意思龊龊，无由作事。在古气节之士冒死以有为，于义未必中，然非有志概者莫能。况吾于义理已明，何为不为？正以不刚。惟大壮乃能克己，盖君子欲身行之，为事业以教天下。今夫为长者折枝，非不能也，但耻以为屈而不为耳，不顾义理之若何。"（《张载集》，第130页）

② 《经学理窟·义理》，《张载集》，第272页。

有的语义空间。可以视为其"学贵心悟，守旧无功"[1]思想原则的具体展现。

对于程颢在涵养工夫上强调的"识得此理，以诚敬存之而已，不须防检，不须穷索"[2]的圆融态度，张载并非没有深切的体味。[3]比如，他说："虽曰义，然有一意、必、固、我便是系碍，动辄不可。须是无倚，百种病痛除尽，下头有一不犯手势自然道理，如此是快活，方真是义也。孟子所谓'必有事焉'，谓下头必有此道理，但起一意、必、固、我便是助长也。"[4]然而，这种"不犯手势"的自然无倚，只有"成德君子"才能达到。在未能真正的"成德"之前，仍需加思勉的功夫：

> 人惰于进道，无自得达，自非成德君子必勉勉，至从心所欲不逾矩方可放下，德薄者终学不成也。[5]

> 其始也，固亦须矜持，古之为冠者以重其首，为履以重其足，至于盘盂几杖为铭，皆所以慎戒之。[6]

---

① 《经学理窟·义理》，《张载集》，第274页。

② 《二程集》，第16—17页。

③ 当然，这一体会与程颢《定性书》的启发提点，应不无关联。

④ 《经学理窟·学大原下》，《张载集》，第286页。

⑤ 《经学理窟·义理》，《张载集》，第273页。

⑥ 《经学理窟·气质》，《张载集》，第265页。

如果尚未成德，就追求"不勉而中，不思而得"的至高境界，其结果必流于放任。不唯无益，反而有害。

四　自诚明与自明诚

张载以《中庸》的"自诚明"和"自明诚"作为为学的两条根本的进路：

> 须知自诚明与自明诚者有异。自诚明者，先尽性以至于穷理也，谓先自其性理会来，以至穷理；自明诚者，先穷理以至于尽性也，谓先从学问理会，以推达于天性也。某自是以仲尼为学而知者，某今亦窃希于明诚，所以勉勉安于不退。[①]

程颐对于张载有关"自诚明"的论述颇有驳正："问：横渠言'由明以至诚，由诚以至明'，此言恐过当。曰：'由明以至诚'，此句却是。'由诚以至明'，则不然，诚即明也。《孟子》曰：'我知言，我善养吾浩然之气。'只'我知言'一句已尽。横渠之言不能无失，类若此。"[②]在伊川看来，"诚"的概念中已经包含

---

① 《语录下》,《张载集》，第 330 页。
② 《二程集》，第 308 页。

了"明"，既已体达"诚"境，则不再需要一个推而至"明"的
过程。

　　"由明以至诚"和"由诚以至明"这两句话，应该是对《正
蒙·乾称篇》"儒者则因明致诚，因诚致明"①一语的转述。正
如我们在本书"太和"一章中讨论过的，张载用"诚"这个概
念指称宇宙气化的真际或实际。自然本身是无所谓诚与妄的，
只有人参与其中的世界里，才有诚妄之别。去尽伪妄，也就意
味着人与天的同一。而人与天的同一，也就意味着人的本然天
性的充分实现。而"言性已是近人言也"②，仅仅尽人之性，
还并不意味着同时就能够尽物之性。要想尽物之性，还得有一
个穷物之理的过程。在张载的思想里，天理和物理是有区别
的："天下之理无穷，立天理乃各有区处。"③在这里，"立天理"，
是人之所以能够在"天下之理无穷"的状况下，仍有可能穷尽
"物理"的前提。而这也就暗示出，在张载那里，"物理"是在
人参与其中的世界里出现的物之理。而这样的物理，总是在为
人所用中被认知。此种在意义世界中呈现的物理，都有其意义
和价值指向，从而可以最终被归约到义理或天理上去。但这种

　　①　《正蒙·乾称篇》，《张载集》，第 65 页。
　　②　《横渠易说·说卦》，《张载集》，第 235 页。
　　③　同上。

可归约性，却并不意味着物理与天理的直接同一。由天理会通物理，以及由物理上达天理，都需要一个具体的推行过程。而这也就是"由诚致明"和"由明致诚"这两条为学进路的意义所在。

五 穷 理

尽管张载充分肯定了"由尽性以至于穷理"这一"自诚明"的为学路径的可能性，但在实际的修养实践中，他显然认为"自明诚"的路线更具现实性，这可以从"某自是以仲尼为学而知者"这样的论述中清楚地看到。

事实上，张载也将能否"穷理"视儒释的主要分判之一：

> 万物皆有理，若不知穷理，如梦过一生。释氏便不穷理，皆以为见病所致。①

从某种意义上说，释氏于诚是不无所得、不无所见的，其问题主要出在"诚而恶明"上。

在具体的方法，张载强调"穷理"要有一个渐进的过程：

---

① 《语录中》，《张载集》，第321页。

穷理亦当有渐，见物多，穷理多，从此就约，尽人之性，尽物之性。[①]

这与程颐在"格物穷理"的问题上"今日格一件，明日又格一件"的由渐进而至会通的论说是基本一致的。

张载虽然强调"尽得天下之物方要穷理"[②]，但实际上，他当然知道天下之物无法穷尽：

言尽物者，据其大总也。今言尽物且未说到穷理，但恐以闻见为心则不足以尽心。人本无心，因物为心，若只以闻见为心，但恐小却心。今盈天地之间者皆物也，如只据己之闻见，所接几何，安能尽天下之物？所以欲尽其心也。穷理则其间细微甚有分别，至如遍乐，其始亦但知其大总，更去其间比较，方尽其细理。若便谓推类，以穷理为尽物，则是亦但据闻见上推类，却闻见安能尽物！今所言尽物，盖欲尽心耳。[③]

"穷理"并不是从闻见之知上推类，因为，那样一来，义理仍在

---

① 《横渠易说·说卦》，《张载集》，第 235 页。
② 《语录下》，《张载集》，第 333 页。
③ 同上。

闻见的局限当中。所以，之所以要说"尽物"，根本上是在强调要"尽心"，亦即发挥"至神"之心的虚灵妙用。而充尽其虚灵妙用的至神之心，与其大无外的天心①是同一的，从而也就与鼓动万物之神等同起来。正因为此，所以才谈得上"大其心则能体天下之物"②。值得注意的是，此处的"大心"，与我们前面讨论的心要"弘放"③是有区别的。前者强调的是人人皆具的心的妙用的发挥，属于性的层面；后者则主要着眼于对个人气禀上的偏颇的补救，属于气质的层面。

六 博文约礼

张载虽然强调"在始学者，得一义须固执"④，但因"钻研太甚"而生的弊病，也不容忽视。要想防止"助长"的倾向，关键在于意、必、固、我的去除。而在克服意、必、固、我的同时，心也不能悬空而立，无所寄托，因此张载说："绝四之外，心可存处，盖必有事焉。"⑤而这一"必有事焉"，体现为

① 张载说："有外之心不足以合天心。"（《张载集》，第24页）
② 《正蒙·大心篇》，《张载集》，第24页。
③ 张载说："文则要密察，心则要洪放。"（《张载集》，第265页）
④ 《经学理窟·学大原下》，《张载集》，第287页。
⑤ 《正蒙·中正篇》，《张载集》，第28页。

具体的涵养工夫，也就是张载极端重视的"博文"：

> 夫屈者所以求伸也，勤学所以修身也，博文所以崇德
> 也，惟博文则可以力致。人平居又不可以全无思虑，须是
> 考前言往行，观昔人制节，如此以行其事而已，故动焉而
> 无不中理。①

只有"博文"是可以着力用功的。而"博文"的内容，则在于"考
前言往行，观昔人制节"，而这无疑是要靠读书方能实现的。

张载对读书的作用的强调是极为突出的，这与程颢适成对
比。据《宋元学案》载，程颢有一次见谢良佐谈话时引证史书，
不遗一字，便批评说："贤却记得许多，可谓玩物丧志！"②张
载对于记诵经籍的态度正好相反："经籍亦须记得，虽有舜禹
之智，吟而不言，不如聋盲之指麾。故记得便说得，说得便行
得，故始学亦不可无诵记。"③在张载看来，读书对于持心是必
不可少的：

> 读书少则无由考校得义精，盖书以维持此心，一时放

---

①　《经学理窟·气质》，《张载集》，第269—270页。

②　《宋元学案》卷二十四，第929页。

③　《经学理窟·义理》，《张载集》，第277页。

下则一时德性有懈，读书则此心常在，不读书则终看义理
不见。书须成诵精思，多在夜中或静坐得之，不记则思不
起，但通贯得大原后，书亦易记。所以观书者，释己之
疑，明己之未达，每见每知所益，则学进矣，于不疑处有
疑，方是进矣。①

"读书则此心常在"这样的论述，在崇尚个人身心证验的道学传
统中，是颇为独特的。这无疑与张载个人的为学道路有密切的
关系。在吕大临所著的《横渠先生行状》中有这样的记述："横
渠至僻陋，有田数百亩以供岁计，约而能足，人不堪其忧，而
先生处之益安。终日危坐一室，左右简编，俯而读，仰而思，
有得则识之，或中夜起坐，取烛以书，其志道精思，未始须臾
息，亦未尝须臾忘也。"②

当然，多读书并不意味着可以无选择地泛观博览：

观书且勿观史，学理会急处，亦无暇观也。然观史又
胜于游，山水林石之趣，始似可爱，终无益，不如游心经
籍义理之间。③

---

① 《经学理窟·义理》，《张载集》，第 275 页。
② 吕大临：《横渠先生行状》，《张载集》，第 383 页。
③ 《经学理窟·义理》，《张载集》，第 276 页。

尝谓文字若史书历过，见得无可取则可放下，如此则一日之力可以了六七卷书。又学史不为为人，对人耻有所不知，意只在相胜。医书虽圣人存此，亦不须大段学，不会亦不甚害事，会得不过惠及骨肉间，延得顷刻之生，决无长生之理，若穷理尽性则自会得。如文集文选之类，看得数篇无所取，便可放下，如《道藏》《释典》，不看亦无害。既如此则无可得看，唯是有义理也。故唯《六经》则须着循环，能使昼夜不息，理会得六七年，则自无可得看。若义理则尽无穷，待自家长得一格则又见得别。①

除六经以外，则以《论语》《孟子》为切要："要见圣人，无如《论》《孟》为要。《论》《孟》二书于学者大足，只是须涵泳。"②

除了书籍的选择外，读书的方法也极为重要：

观书必总其言而求作者之意。③

观书且不宜急迫了，意思则都不见，须是大体上求之。言则指也，指则所视者远矣。若只泥文而不求大体则

① 《经学理窟·义理》，《张载集》，第 278 页。
② 同上书，第 272 页。
③ 同上书，第 275 页。

失之，是小儿视指之类也。常引小儿以手指物示之，而不
能求物以视焉，只视于手，及无物则加怒耳。①

与当代解释学所强调的文本的多义性正相反，张载强调经典的
本义是唯一的："有言经义须人人说得别，此不然。天下义理
只容有一个是，无两个是。"②而要通达和明了经典的本义，
唯一的办法是孟子所说的"以意逆志"。张载以《诗经》的解
释为例，指出《诗经》的精神旨趣"至平易"，而时人往往
以"艰险求《诗》"，是不可能理解《诗经》中所蕴涵的"诗
人之志"的。③在读书时，要有自己的"心解"，"心解则求义
自明，不必字字相校"④。在这里，完全局限于文本的表面，
与脱离了客观文本的臆解，是读书时要特别对治的两个极端的
倾向。

在博学于文的同时，亦要约之以礼。关于礼在持养中的重
要性，张载说：

学者且须观礼，盖礼者滋养人德性，又使人有常业，

---

① 《经学理窟·义理》，《张载集》，第 276 页。
② 同上书，第 275 页。
③ 《经学理窟·诗书》，《张载集》，第 256 页。
④ 《经学理窟·义理》，《张载集》，第 276 页。

守得定，又可学便可行，又可集得义。养浩然之气须是集义，集义然后可以得浩然之气。严正刚大，必须得礼上下达。义者，克己也。①

以礼为工夫的入手处，使学者易于持循。在张载开创的关学传统当中，对礼的关注是一个相当突出的特点。谢良佐曾说："横渠教人，以礼为先。大要欲得正容谨节。其意谓世人汗漫无守，便当以礼为地，教他就上面做工夫。"②在具体的教育实践当中，张载"以礼为先"的教法对于关中的士风产生了巨大的影响："子厚言：'关中学者用礼渐成俗。'正叔言：'自是关中人刚劲敢为。'子厚言：'亦是自家规矩太宽。'"程颐对于张载教法的效果，也是十分肯定的，只是在他看来，这里也有关中人的禀性刚劲的成分。

① 《经学理窟·学大原上》，《张载集》，第279页。
② 《上蔡语录》卷一，《四库全书》本。

第九章 礼 乐

　　余英时教授在《朱熹的历史世界》一书中指出：与古文运动和改革运动一样，重建理想的人间秩序也是北宋道学的政治关怀的重心所在。有所不同的是，"面对着新学的挑战，他们为自己规定了一项伟大的历史使命：为宋初以来儒家所共同追求的理想秩序奠定一个永恒的精神基础"[①]。换言之，北宋道学虽然也关注北宋王朝具体的政治实践和操作，但更为核心的关切仍在于理想人间秩序的形上学基础的建构。而且，值得注意的是，在达成理想人间秩序的根本取径上，道学家更强调的是礼乐和风俗的重建，而非王安石在熙宁变法中尝试的政治制度的变革。[②]

---

　　① 余英时：《朱熹的历史世界》，第107—108页。
　　② 参见汪晖：《现代中国思想的兴起》，生活·读书·新知三联书店，2004年7月。

礼乐是把握张载的政治哲学的核心线索。在他对礼乐的种种详尽的讨论当中,既包含了对理想秩序的描述以及实现理想秩序的具体措施的种种思考,也蕴涵了他对这一理想秩序背后的形上学根据的洞察。

一　熙宁变法与"王政之事"

据吕大临《横渠先生行状》载,熙宁初年,张载曾奉召入对。当神宗以"治道"相询时,张载以"渐复三代为对"[1]。在"以《周礼》为蓝图""以'复三代'为口号"这一点上,张载的思想其实与王安石并无二致。[2]然而,当张载与王安石面谈时,却"所语多不合"。《横渠先生行状》对两人的具体分歧所在语焉不详,但从下面的对话当中,于其时情境可以略见仿佛:

> 他日见执政,执政尝语曰:"新政之更,惧不能任事,求助于子何如?"先生对曰:"朝廷将大有为,天下之士愿与下风。若与人为善,则孰敢不尽!如教玉人追琢,则人

---

①　吕大临:《横渠先生行状》,《张载集》,第382页。

②　参见冯友兰:《中国哲学史新编》第五册,人民出版社,1988年1月,第149页。

亦故有不能。"执政默然，所语多不合，寖不悦。①

其中的"与人为善"一语出自《孟子》，其本义是"取诸人以为善"。而"如教玉人追琢"，则是强调不可强人从己之意。大旨是要王安石听取他人的意见，不要事事皆依一己之见推而行之。从王安石的反应看，张载的这番话绝非泛泛之谈。王安石推行新法之初，就遭遇了来自各方的阻力。而"介甫性很愎，众人以为不可，则执之愈坚"②。张载的这番话显然是有为而发的，而在当时的整体氛围下，王安石也自然因此将其视为异己。这样一来，"所语多不合"当中，就免不了有颇多意气之争的成分。

与二程不同，张载绝少谈及王安石及其推行的熙宁变法。③在《张载集》当中只有两条材料与此有关。④《语录中》载有这样一则议论：

---

① 吕大临：《横渠先生行状》，《张载集》，第382页。

② 《二程集》，第423页。

③ 鉴于熙宁变法对北宋儒者的重要性，张载如有这方面的议论，应该是不会被遗漏和忘却的。

④ 余英时先生认为《经学理窟·学大原上》"德未成而先以功业为事，是代大匠斫，希不伤手也"一段，"明指安石无疑"，只能算是一种不无根据的推断而已。参见《朱熹的历史世界》，第109页。

> 世学不明千五百年，大丞相言之于书，吾辈治之于
> 己，圣人之言庶可期乎！顾所忧谋之太迫则心劳而不虚，
> 质之太烦则泥文而滋弊，此仆所以未置怀于学者也。①

这里所说的"大丞相"，无疑是指王安石。从前半段话的语气看，张载大有引王安石为同道的意味。在他看来，无论是王安石的"言之于书"，还是道学家的"治之于己"，其根本目的都在于昌明"千五百年"不明的"世学"。而且，在这两方面的共同努力之下，"圣人之言"的复见是可以期待的。后半段是对此种有希望的前景当中的隐忧的顾虑。"谋之太迫"当是着眼于具体的政治措施，"质之太烦"则是针对《三经新义》在学风上产生的影响。在张载看来，他与王安石的分歧，在具体的改革方略上体现为：他主张"渐复三代"，而王则"谋之太迫"；在为学路径上，则体现为"治己"与"泥文"的不同。

对于熙宁变法的种种制度构想，张载并不像司马光、苏轼等人那样，完全以恶意来揣度，而是尽可能地理解其用意所在：

> 一市之博，百步之地可容万人，四方必有屋，市官皆

---

① 《语录中》，《张载集》，第 323 页。

居之，所以平物价，收滞货，禁争讼，是决不可阙。故市
易之政，非官专欲取利，亦所以为民。百货亦有全不售
时，官则出钱以留之，亦有不可买时，官则出而卖之，官
亦不失取利，民亦不失通其所滞而应其所急。故市易之
政，止一市官之事耳，非王政之事也。①

对于"市易法"，张载认为并非专为"取利"而设，而是实有其
便民的功用。但这只是"一市官之事"，并非"王政"的根本。
换言之，在张载看来，王安石新政虽然有其现实的意义和价
值，但试图以此回复三代之治，是绝无可能的。要想回复三代
之治，只有重建井田与封建的制度。②

二 井田与封建

张载认为，井田制是天下治平的不易之方：

① 《经学理窟·周礼》，《张载集》，第249页。
② 冯友兰先生认为："王安石的措施是针对当时政治上的弊端，推行富国强
兵的政策，张载所着重的是封建社会的一些根本问题。"《中国哲学史新编》第五
册，第149页。冯先生这里所用"封建社会"，是沿用当时盛行的五阶段历史分期
法，与张载思想中与"郡县"相对的"封建"，是有着本质区别的。

> 欲养民当自井田始。①
>
> 治天下不由井地，终无由得平。周道止是均平。②

这里对井田制的推崇，既是对孟子思想的继承，又是对北宋时期的土地问题的一种对策。由于晚唐五代以来施行的两税法所造成的"势官富姓，占田无限，兼并冒伪，习以成俗"③的状况，改革田制和税制成为北宋士人的一般共识。北宋儒者往往以复兴三代之治为目标，因此大都不以权宜之计谋求对时下问题的暂时解决。张载对井田制的提倡，与这样的思想氛围不无关系。

在张载看来，"井田至易行，但朝廷出一令，可以不笞一人而定"④。井田制能否施行，关键在于君主的品质，张载说："人主能行井田者，须有仁心，又更强明果敢及宰相之有才者。"⑤至于具体的施行：

> 井田亦无他术，但先以天下之地棋布画定，使人受一

---

① 《经学理窟·礼乐》，《张载集》，第 264 页。
② 《经学理窟·周礼》，《张载集》，第 248 页。
③ 《宋史·食货志》，中华书局，1985 年 6 月，第 4164 页。
④ 《经学理窟·周礼》，《张载集》，第 249 页。
⑤ 同上书，第 251 页。

方，则自是均。前日大有田产之家，虽以田授民，然不得如分种、如租种矣，所得虽差少，然使之为田官以掌其民。使人既喻此意，人亦自从，虽少不愿，然悦者众而不悦者寡矣，又安能每每恤人情如此！其始虽分公田与之，及一二十年，犹须别立法。始则因命为田官，自后则是择贤。①

在他的井田构想中，充分考虑到了来自富户地主的阻力：在将"大有田产之家"的土地分授于民之后，让这些人暂时充任田官。只有这样，才能将全国的土地统一为一体，然后"棋布画定"。待井田施行既久后，就不再以原本之家世产业为选择田官的根据，而是"择贤"而任了。

对于实施井田制的各种细节，张载都有周详的考虑，而不是简单地停留在"理想"或"幻想"的层面上。② 设立井田，首先遇到的问题是如何丈量土地，然后将土地均平地分给百姓。针对二程"地形不必谓宽平可以画方，只可用算法折计地亩以授民"的主张，张载提出了明确的反对意见：

---

① 《经学理窟·周礼》，《张载集》，第 250—251 页。

② 冯友兰先生认为："王安石的措施是现实主义的，张载所计划的措施是理想的，或者说简直是幻想的。"《中国哲学史新编》第五册，第 149 页。

　　必先正经界，经界不正，则法终不定。地有坳垤处不管，只观四标竿中间地，虽不平饶，与民无害。就一夫之间，所争亦不多。又侧峻处，田亦不甚美。又经界必须正南北，假使地形有宽狭尖斜，经界则不避山河之曲，其田则就得井处为井，不能就成处，或五七，或三四，或一夫，其实田数则在。又或就不成一夫处，亦可计百亩之数而授之，无不可行者。如此，则经界随山随河，皆不害于画之也。苟如此画定，虽便使暴君污吏，亦数百年坏不得。①

这里，"正经界"的主张是对孟子仁政思想的继承。井田制最重要的作用，就在于防止"暴君污吏必慢其经界"（《孟子·滕文公上》），从而使百姓有"恒产"以及基于"恒产"而生的"恒心"。因此，如果仅仅考虑分授民田时数量上的均平，而不设立恒久不易的"经界"，即使暂时实现了均田的理想，也会因经界之不明而渐趋败坏。张载认为，在划定经界以及分授民田时，重要的不是量上的精确，而是建立起能够适用于所有地势的简单易行的划界方法。以当时的土地丈量和统计的水准看，张载的主张无疑更具现实性。事实上，如果我们不把张载所提倡的

───────────

①　《洛阳议论》，《二程集》，第110—111页。

井田制简单地视为一种复古主义的主张，而是看作解决秦汉以来一直存在的土地问题的一种尝试的话，我们将会看到这一主张在具体操作上的可行性。

划定经界、分授民田不得不损害一部分人的既得利益，因此，一定会有人"不愿""不悦"。对此，张载认为，在原则上，推行新法不能处处"恤人情"，只要做到"悦者众而不悦者寡"也就够了。[①]而在具体的推行过程中，还是要充分考虑现有的田产状况。对于一般的拥有田产的人家，在将其土地分授百姓之后，可以通过让他们充任田官来部分地弥补其损失。而对于官户，张载则认为应以授以"采地"的方式，来加以解决：

> 二程问："官户占田过制者如何？""如文曾有田极多，只消与五十里采地尽多。"又问"其他如何？""今之公卿，非如古之公卿。旧有田多者，与之采地多。概与之，则无以别有田者无田者。"[②]

授予采地，就牵涉到张载的另一个重要主张——封建的问题。仅从土地的角度看，授予公卿的采地属于"永业"。而采地之

---

① 从中，我们可以隐约看到某种与王安石相呼应的精神气质。

② 《洛阳议论》,《二程集》，第 111 页。

多少，是根据其现在所占田产的数量来决定的。在张载的设计里，采地的上限是"五十里"，只授予"有田极多"的官户。这一措施显然有限制兼并的考虑——通过固定官户的田产数量来防止其进一步的兼并和扩张。①

根据现实的田产数，授予一定数量的采地，只是一种权宜的措施。井田制的最终实现，必须以封建来保障。封建虽是最终的解决之道，但在当时的情况下，并没有施行的条件：

> 井田卒归于封建乃定。封建必有大功德者然后可以封建，当未封建前，天下井邑当如何为治？必立田大夫治之。今既未可议封建，只使守令终身，亦可为也。所以必要封建者，天下之事，分得简则治之精，不简则不精，故

① 一般以为，王安石变法的主要目标之一，即是抑兼并。而在实际上，王安石对待兼并之家的态度，是极为温和的。据《续资治通鉴长编》记载，熙宁三年七月，王安石曾与宋神宗详细讨论程颢"限民田"的主张，在宋神宗做出"如此即致乱之道"的评断后，王安石又补充道："今朝廷治农事未有法，又非古备建农官大防圩埒之类，播种收获，补助不足，待兼并有力之人而后全具者甚众，如何可遽夺其田以赋贫民？此其势固不可行，纵可行，亦未为利。"（卷二百一十三）王安石认为兼并之家对于所在地方有其不可或缺的经济功能，所以，即使以其田产分授百姓，也不见得对国家的治理有利。而从王安石和宋神宗的议论中，可以清楚地看出，张载和二程等人提出的井田制，虽然也顾及现有的既得利益者，但总体倾向无疑是夺"兼并有力"之家的田产，分授百姓的。由此也可以推断，朝廷授予的采地，一定远远少于兼并之家原有的田产。

圣人必以天下分之于人，则事无不治者。圣人立法，必计后世子孙，使周公当轴，虽揽天下之政，治之必精，后世安得如此！且为天下者，奚为纷纷必亲天下之事？今便封建，不肖者复逐之，有何害？岂有以天下之势不能正一百里之国，使诸侯得以交结以乱天下！自非朝廷大不能治，安得如此？而后世乃谓秦不封建为得策，此不知圣人之意也。①

在未封建前，张载认为可以以"田大夫"来治理井邑。此"田大夫"之职，不必世袭，只要能让其终身守令，也可大体上保障井田的实施。而对于封建的必要性，张载是从当时过度的中央集权所引生的弊病着眼的。以当时的技术条件和行政效率，要总揽天下之政，必如周公之才方可做到。而君主的才具是无法保障的，所以使天下纷然之政皆由朝廷统一处置，其结果必致废政。而所分封的诸侯，其封国皆限定在百里以内，则亦无晚唐及五代的藩镇之弊。诸侯有不肖者，自然可以依据礼法加以斥逐。事实上，张载重建封建的主张与北宋的军事制度有着密切的关联。北宋王朝有惩于晚唐五代藩镇割据的教训，建立了极为复杂的权力制衡机制。这些权力制衡的机制对于结束晚

① 《经学理窟·周礼》，《张载集》，第251页。

唐以来的乱局、维持国家的内部稳定起到了积极的作用。然而，这一机制也带来机构冗叠、责权淆乱和效率低下等弊病。这些积弊在军事领域里体现得尤为明显。[1] 如何在防备藩镇割据的危险的同时，重建地方，尤其是边镇的机动性，也就成了问题的关键所在。张载对于军事问题向来颇为关注，在现存的《文集佚存》中有近一半的篇幅是有关当时西北边事的。基于对北宋立国的制度基础的理解，张载清楚地意识到，如果不能从根本上改变使边镇的将帅掣肘的权力制衡机制，那么北宋在军事问题上总体上就只能以守为主。而在张载看来，取消和改变这一制衡机制既是不可能的，也是不应该的。既然以守为主，那么要建立怎样的制度才能守得坚固呢？对此，张载提出了"计民以守"的主张。这一对策的根本目标，当然是要恢复"三代"兵民合一的传统。王安石推行的保甲法，其实也有同样的用意。但兵民合一又势必会构成对中央集权的郡县制国家的潜在威胁。张载提出部分地恢复封建制，一方面封国之国土狭小(所谓百里之国)，不足以为乱；另一方面，封建之国兵民一体，足以做到守土尽责。

古代分封诸侯，其根本的用意在于"象贤"：

---

① 关于北宋军事制度的弊病，参见漆侠：《王安石变法》，第15—17页。

> 古者诸侯之建，继世以立，此象贤也，虽有不贤者，
> 象之而已。天子使吏治其国，彼不得暴其民。如舜封象是
> 不得已。《周礼》建国大小必参相得，盖皆建大国，其势不
> 能相下，皆小国则无纪，以小事大，莫不有法。①

这里的"象贤"，并不仅仅是表彰贤者之意，而是要借建侯体现出对某种德性的旌扬。诸侯的爵位世代相袭，其后代当中难免有不肖者，但仍要保留其爵位封国，以之作为某种抽象价值的承载者。但为了防止不肖者暴虐百姓，天子在这种情况下应该派官吏代其治理国家。比较理想的封建状态，是让大国与小国错杂而处。这样一来，诸侯国之间会有一种自然的秩序。而这一种自然的秩序，是天下安平的重要基础。

随着封建而来的，自然是宗法之制：

> 宗子之法不立，则朝廷无世臣。且如公卿一日崛起于
> 贫贱之中以至公相，宗法不立，既死遂族散，其家不传。
> 宗法若立，则人人各知来处，朝廷大有所益。或问："朝廷
> 何所益"？公卿各保其家，忠义岂有不立？忠义既立，朝廷
> 之本岂有不固？今骤得富贵者，止能为三四十年之计，造

----

① 《经学理窟·月令统》，《张载集》，第296—297页。

> 宅一区及其所有，既死则众子分裂，未几荡尽，则家遂不存，如此则家且不能保，又安能保国家！ ①

宗法之重要，在于为国本的巩固奠立一个稳固的基础。有世家方有世臣，而世臣尽忠义，方能保其国祚之长久。在张载看来，仅仅依靠个人内在德性的忠义，是不够的，还需要将国运与家世紧密联系起来。张载认为，忠义之家因无世禄保障，致使子孙流荡，这是无助于劝贤的："后来朝廷有制，曾任两府则宅舍不许分，意欲后世尚存某官之宅或存一影堂，如尝有是人，然宗法不立，则此亦不济事。唐狄人杰、颜杲卿、真卿后，朝廷尽与官，其所以旌别之意甚善，然亦处之未是。若此一人死遂却绝嗣，不若各就坟冢给与田五七顷，与一闲名目，使之世守其禄，不惟可以为天下忠义之劝，亦是为忠义者实受其报。"②

宗法除了有巩固国本的作用外，还与风俗之厚薄有关：

> 管摄天下人心，收宗族，厚风俗，使人不忘本，须是明谱系世族与立宗子法。③

---

① 《经学理窟·宗法》，《张载集》，第 259 页。
② 同上书，第 260 页。
③ 同上书，第 258 页。

而风俗之淳薄又与人的自我理解以及个体的德性养成密不可分。淳厚的风俗对于任何一个共同体来说，都是至关紧要的。实际上，封建与井田虽关联甚密，但二者的侧重各有不同。张载说："井田而不封建，犹能养而不能教；封建而不井田，犹能教而不能养。"[1] 封建与宗法之所以有助于良好风俗和道德的修成，与张载对当时士风的一般理解有关。在张载和二程等人看来，士人的奔竞之风是风俗偷薄的根本原因。而这种奔竞之风，无疑源自科举取士所带来的社会身份的高度流动。要想扼抑此种奔竞的风气，只有通过封建和宗法制度将社会身份明确地固定下来。

值得注意的是，张载的封建和宗法思想并不以培养权势和财富上的新贵族阶层为目标。采地既为"永业"，公卿也就成了"世禄之家"。然而，这些"世禄之家"的特权，却被大幅度地剥夺了：

> 卿大夫采地、圭田，皆以为永业，所谓世禄之家。然古者世禄之家必不如今日之官户也，必有法。盖舍役者惟老者，疾者，贫者，贤者，能者，服公事者，舍此，虽世禄之家，役必不免也明矣。[2]

---

① 《性理拾遗》，《张载集》，第 375 页。
② 《经学理窟·周礼》，《张载集》，第 250 页。

在张载那里，宗族的意义更多的是精神上的。即使是世禄之家，除其中的老者、疾者、贫者、贤者、能者和服公事者，也必须为国家尽各种各样臣民应尽的义务。"官户"在转变为"世禄之家"以后，反而失掉了原有的免役的特权。这在某些方面上，甚至是比王安石的免役法更为激进的一种构想。

三　礼　乐

在儒家的生活方式中，礼乐始终处于核心的地位。张载关于礼乐的思想，在既有的儒学传统上，更有自己进一步的发挥：

> "礼反其所自生，乐乐其所自成。"礼别异，不忘本而后能推本，为之节文；乐统同，乐吾分而已。礼天生自有分别，人须推原其自然，故言"反其所自生"；乐则得其所乐即是乐也，更何所待！是"乐其所自成"。①

张载这段话是对《礼记·乐记》的解释。这里的"礼反其所自生，乐乐其所自成"，在《乐记》里作"乐，乐其所自生，而礼反其所自始"。《乐记》是一篇非常重要的儒学文献，它以礼乐为两

---

①　《经学理窟·礼乐》，《张载集》，第261页。标点略有调整。

个基本的哲学范畴，以之来思考和把握世界，与此同时，建构起对作为儒家生活方式的骨干的礼和乐的生存论理解。其中，"礼别异""乐统同"和"乐由中出""礼自外作"是两对关键的命题。张载在承继了这些重要的思想之外，又进一步指出，礼之别异正是本于人之自然，"反其所自生"这一命题中所包含的礼根于人之本性的思想，被张载进一步明确地揭示出来。"不忘本而后能推本，为之节文"，即礼之节文实为人之本原自然外化的结果。在某种意义上，礼的观念实质可以理解为自我将自身外化为非我的他者，并经由这他者展现和实现自身，因此，尽管礼在表面上是约束性的，甚至是否定性的，其实质则是肯定性的，是以成就为目的的约束和否定。而乐则根源于在世的直接性，"乐吾分而已"。

在张载看来，要达到成性，必须以礼持之。而之所以如此，是因为礼本源出于人的内在本性：

> 礼所以持性，盖本出于性，持性，反本也。凡未成性，须礼以持之，能守礼已不畔道矣。
>
> 礼非止著见于外，亦有无体之礼。盖礼之原在心，礼者，圣人之成法也，除了礼天下更无道矣。[1]

---

[1] 《经学理窟·礼乐》，《张载集》，第 264 页。标点略有调整。

这里的"无体之礼"是指外在的礼义节文的内在根据。圣人因人之本性，而立节文为成法。人须依礼持性，从而反本成性。

礼不仅源出于人性，亦根源于天地自然：

> 礼不必皆出于人，至如无人，天地之礼自然而有，何假于人？天之生物便有尊卑大小之象，人顺之而已，此所以为礼也。学者有专以礼出于人，而不知礼本天之自然，告子专以义为外，而不知所以行义由内也，皆非也，当合内外之道。①

天地生物有其自然之秩序，而这一秩序就是礼的根源。这里，张载指出了两种错误的思想倾向：其一，认为礼完全出于人，而不知礼亦根源于天地自然；其二，告子之流的"以义为外"。张载常能通过制礼的细节，透见到其中所蕴涵的自然之理："祭用分至，取其阴阳往来，又取其气之中，又贵其时之均。寒食者，《周礼》四时变火，惟季春最严，以其大火心星，其时太高，故先禁火以防其太盛。既禁火须为数日粮，既有食复思其祖先祭祀。寒食与十月朔日展墓亦可，为草木初生初

---

① 《经学理窟·礼乐》，《张载集》，第264页。

死。"① 祭祀之礼往往于分、至的节气举行，其原因在于分、
至时节是阴阳往来交感之时，而且时间的节奏也比较均衡合
理，不致过疏或过密。至于清明节有寒食的礼仪习俗，是因为
季春时节，天象上"大火心星"过盛，因此要通过禁火来加以
防制。

礼在本质上无非是"时措之宜"。把措置各种具体情境的恰
当分寸固定下来，就成了人伦日用中不可或缺的礼。被固定下
来的礼仪规范，就是所谓的"典礼"：

> 时措之宜便是礼，礼即时措时中见之事业者。非礼之
> 礼，非义之义，但非时中者皆是也。……时中之义甚大，
> 须是精义入神以致用，始得观其会通以行其典礼，此则真
> 义理也；行其典礼而不达会通，则有非时中者矣。礼亦有
> 不须变者，如天叙天秩，如何可变！②

由于伦理处境之复杂，"典礼"既无法穷尽所有境况，又不能完
全符合每一个殊境况的要求。所以要"观其会通以行其典礼"。
然而，要达到"会通"的地步是非常困难的，只有极少数的圣

---

① 《经学理窟·自道》，《张载集》，第290页。
② 《经学理窟·礼乐》，《张载集》，第264页。

人才能真正做到："庸言庸行，盖天下经德达道，大人之德施于是溥矣，天下之文明于是著矣。然非穷变化之神以时措之宜，则或陷于非礼之礼，非义之义，此颜子所以求龙德正中，乾乾进德，思处其极，未敢以方体之常安吾止也。"①这里的"庸言庸行"，是指业已被固定下来的规范的言行，是天下人都共同经由的"经德达道"。但因其业已被固定下来，因此是有"方体"可以依循的。即使是到了"大人"的阶次上，能做到的也只是信守这些"经德达道"。这样一来，仍会在某些特定的情境里，陷于"非礼之礼""非义之义"，无法将"时中"的原则贯彻始终。当然，礼中也有不需要变通的，比如四季之变等。

"典礼"与"会通"的关系，是我们理解和把握张载有关"礼器"和"礼运"的论述的前提：

> 礼器则藏诸身，用无不利。礼运云者，语其达也；礼器云者，语其成也。达与成，体与用之道，合体与用，大人之事备矣。礼器不泥于小者，则无非礼之礼，非义之义，盖大者器则出入小者莫非时中也。子夏谓"大德不逾闲，小德出入可也"，斯之谓尔。②

---

① 《横渠易说·乾》，《张载集》，第73页。
② 《正蒙·至当篇》，《张载集》，第33页。

这一段话如果不与上引关于"典礼"和"会通"的文字关联起来，是无从索解的。张载将"礼器"之"器"读作"成"，"礼器"即是礼之成，也是礼的精神实质在个人身上的充极实现。而"礼运"即是礼之达，其实也就是礼之会通。只有能"观其会通以行其典礼"的人，才算达到了以礼成身的境界。而会通为体，成身为用。值得注意的是，"合体与用，大人之事备矣"这句话，似乎是在说，"礼器"和"礼运"的合一仍只达到了大人的阶次。而实际上，"大人之事备矣"，说的是"大人之事"的极致，也就是"大而化之"的至高境界了。

张载对礼的种种思考，其根本目的在于通过重建礼乐制度来移易风俗。对于当时礼俗的败坏，张载有深切的感受。在《洛阳议论》中，载有这样一段对话："正叔言：'昏礼结发无义，欲去久矣，不能言。结发为夫妇者，只是指其少小也。如言结发事君，李广言结发事匈奴，只言初上头时也，岂谓合髻子？'子厚云：'绝非礼义，便当去之。古人凡礼，讲修已定，家家行之，皆得如此。今无定制，每家各定，此所谓家殊俗也。至如朝廷之礼，皆不中节。'"[1]张载对于时政，即使有所评论，往往亦比较含蓄。但论及礼法之时，却大有愤激形于辞色的意

---

① 《二程集》，第112页。

思。这固然与他此前的个人遭际有关 ①，但根本原因还是出于他对礼俗问题的极度关切。对于更新礼制的原则，张载做了深入的思考：

> 礼文参校，是非去取，不待已自了当。盖礼者理也，须是学穷理，礼则所以行其义，知理则能制礼，然则礼出于理之后。今在上者未能穷，则在后者乌能尽！今礼文残缺，须是先求得礼之意然后观礼，合此理者即是圣人之制，不合者即是诸儒添入，可以去取。今学者所以宜先观礼者类聚一处，他日得理，以意参校。②

制礼须以穷理为前提。在礼文残缺的情况下，如果不能对古代圣人制礼所依据的义理基础有深入的把握，是无法在参校礼文的过程中，建立起恰如其分的是非去取的标准的。然而，义理总是难以把捉的。在没有形成义理的共识之前，如何让自己对于礼文的参酌在现实生活中发生切实的影响呢？对这一问题，张载是通过诉诸个体德性的典范作用来加以解决的："大凡礼不

---

① 《洛阳议论》记录的是熙宁十年张载去职过洛时与程氏兄弟的谈论。《宋史·张载传》记有张载去职的原因："与有司议礼不合，复以疾归。"（《张载集》，第386页）

② 《语录下》，《张载集》，第326—327页。

可大段骇俗，不知者以为怪，且难之，甚者至于怒之疾之。故礼亦当有渐，于不可知者，少行之已为多矣，但不出户庭亲行之可也，毋强其人为之。己德性充实，人自化矣，正己而物正也。"[1] 在更新礼俗的问题上，张载既不提倡那种惊世骇俗的做法，也反对任何强制性的手段。在他看来，关键是儒者要以德性的光辉去照耀和感染他人，从而使自己的生活态度和行为分寸成为他人自觉效仿的典范。

礼的本质在于分别，此分别源自天道自然，张载因此说："礼天生自有分别。"由分别而有身份等级的殊异，是为秩序之根本。而如果仅仅有礼的分别的力量，共同体生活将始终处于冰冷僵硬的疏离状态，而缺乏统合性的精神要素使之融为一个活生生的整体。乐的重要性正在于其"统同"的力量。乐将各种分离的要素关联进一个充满弹性的氛围当中。

乐是个体对自己生活之直接性的肯定："乐吾分而已。"乐不是反思性和间接性的存在状态，而是"得其所乐即是乐也，更何所待"。张载甚至将作为乐的精神的和乐，与天地之道的本质关联在一起：

> 和乐，道之端乎！和则可大，乐则可久，天地之性，

---

① 《语录上》，《张载集》，第 312 页。

久大而已矣。^①

"道之端"这一表达，实际上已经将"生生"的意思引入进来了。也就是说，乐在张载那里，也是某种生长的力量。和可以使人超越自己的有限性，将自己与他者关联起来。乐则使人能沉入个体生活的当下性之中，从而长久地持守住自己的本分。

在对音乐品质的评判上，张载基本上沿承了《乐记》里"乐不极音"的思想：

> 古乐不可见，盖为今人求古乐太深，始以古乐为不可知。只此《虞书》"诗言志，歌永言，声依永，律和声"求之，得乐之意盖尽于是。诗只是言志。歌只是永其言而已，只要转其声，合人可听，今日歌者亦以转声而不变字为善歌。长言后却要入于律，律则知音者知之，知此声入得何律。古乐所以养人德性中和之气，后之言乐者止以求哀，故晋平公曰："音无哀于此乎？"哀则止以感人不善之心。歌亦不可以太高，亦不可以太下，太高则入于噍杀，太下则入于啴缓，盖穷本知变，乐之情也。^②

---

① 《正蒙·诚明篇》，《张载集》，第 24 页。
② 《经学理窟·礼乐》，《张载集》，第 262 页。

在张载的理解里，古乐必是朴素的，以言志为目的，其声调不以繁复华丽为善，而以"转其声，合人可听"为准。而郑卫之音则"止以求哀"，从而感发人的不善之心。[①]

对于郑卫之音出现的原因，张载也给出了深刻的分析：

郑卫之音，自古以为邪淫之乐，何也？盖郑卫之地滨大河，沙地土不厚，其间人自然气轻浮；其地土苦，不费耕耨，物亦能生，故其人偷脱怠惰，弛慢颓靡。其人情如此，其声音同之，故闻其乐，使人如此懈慢。其地平下，其间人自然意气柔弱怠惰；其土足以生，古所谓"息土之民不才"者此也。若四夷则皆据高山溪谷，故其气刚劲，此四夷常胜中国者此也。[②]

这里的解释有地理环境决定论的意味。不同之处在于，张载将郑卫之声的原因归诸在某种特定的地理环境之下易于形成的生活态度和节奏。正是这种"偷脱怠惰"的生活态度和节奏，导致了郑卫之音这样使人懈慢的乐音。

---

① 嵇康《声无哀乐论》亦云："故具其八音，不渎其声，绝其大和，不穷其变。若夫郑声……是音声之至妙。妙音感人，犹美色惑志，耽槃荒酒，易以丧业。自非至人，孰能御之。"

② 《经学理窟·礼乐》，《张载集》，第263页。

北宋朝于乐律屡有更作。据《宋史·乐志》载："有宋之乐，自建隆讫崇宁，凡六改作。"①在宋仁宗景祐、皇祐以及宋神宗元丰年间，都有新律的制作。对于乐律的关注，显然与儒家"移风易俗莫善于乐"的乐教传统有关。张载对于音乐的政治功能，是颇为认同的：

> 声音之道，与天地同和，与政通。蚕吐丝而商弦绝，正与天地相应。方蚕吐丝，木之气极盛之时，商金之气衰。如言"律中大簇"，"律中林钟"，于此盛则彼必衰。方春木当盛，却金气不衰，便是不和，不与天地之气相应。②

张载认为音律当中可以蕴涵天地之化的至深和谐。所以，当春季五行木旺之时，与秋季相应的商金之气便应当衰落。"蚕吐丝而商弦绝"，正是乐律与天地之气相应的和谐的表现。蕴涵了至深和谐的乐律，便能感动人内心的和气，从而达到移风易俗的目的。

---

① 《宋史》卷一百二十六。北宋关于乐器制式的讨论，始于宋仁宗景祐元年。当时的判太常寺燕肃等上言曰："大乐制器岁久，金石不调，愿以周王朴所造律准考按修治。"（《宋史》，第2948页）由此引出了如何恢复古乐的种种讨论和努力。许多重要儒者，如胡瑗、司马光和范镇等都参与了重定乐律的讨论。

② 《经学理窟·礼乐》，《张载集》，第263页。

在恢复古乐的问题上，张载认为之所以不能再现古乐，正是由于现在的人求之过深。追求分毫不差地复原古乐，既不必要，也不可能：

> 先王之乐，必须律以考其声，今律既不可求，人耳又不可全信，正惟此为难。求中声须得律，律不得则中声无由见。律者自然之至，此等物虽出于自然，亦须人为之，但古人为之得其自然，至如为规矩则极尽天下之方圆矣。[①]

音律的高低是依乐器的制式标准传承下来的。但先王创制的古律的制式早已失去其校准，因为"尺度权衡"等基本要素都已随时代的变迁而发生了巨大的变化，比如，"今尺长于古尺"。所以，不但无法依靠现有的度、量、衡标准来重定乐律，反而要在乐律的基础上恢复尺度权衡之正。而传世的确定律管的方法，都有其无法克服的主观性。比如积黍法，即"律管当实千有二百粒秬黍"，但究竟取何种黍粒以及所用黍粒的大小便成了问题。"后人以羊头山黍用三等筛子透之，取中等者用"，表面上看似乎是完全以客观的器物为依据，其实也包含了很多人的

---

① 《经学理窟·礼乐》，《张载集》，第263页。

主观的不确定性。① 而乐师们世代相承的辨别音律高低的能力，就更不可靠了。在张载看来，古音其实没有那么玄妙，甚至没有"预前定下腔子"。古音只不过是"长言"，"声依于永""得声和婉"而已。这样一来，乐音之和与不和，就根本没有什么固定不变的标准。乐音之和随共同体生活的节奏而变化。要重建至和之音，关键在于把握古人制乐的原则和时代生活的基本节奏。

---

① 《经学理窟·礼乐》，《张载集》，第 262—263 页。

第十章　大　易

　　《易》学对于北宋道学思想的开展具有枢纽性的作用和影响。在某种意义上，周、张、二程等人的哲学构造，都可以视为对《周易》的种种阐释和发挥。余英时教授在《朱熹的历史世界》中试图通过证明《中庸》一书"在北宋是从释家回流而重入儒门"[①]，来证成陈寅恪先生宋初佛学思想为"宋代新儒家"之"先觉"的论断，进而引申出"从古文运动到改革运动，从王安石新学到韩维与司马光关于'中和'的讨论，从佛教儒学化到沙门士大夫化，从士大夫好禅到朝廷赐进士《中庸》《大学》篇等等，无一不与道学的起源与定型有莫大的关联"这一重要的结论。而且，"从历史的观点说，这些变动都内在于道学的形成，而非在其外"[②]。北宋道学的产

---

①　余英时：《朱熹的历史世界》，第 86 页。

②　同上书，第 107 页。

生，自然离不开具体历史处境中的种种外在的因缘。在历史的视野中重构这些外在因素与道学思想展开的具体关系，无疑是对宋代道学研究的重要补充。但如果因此而将其视为道学产生的内在根由，则不免失之偏颇。而且，对《中庸》在北宋道学产生中所起作用的过度强调，也忽略了这样一个重要的历史事实：尽管在北宋"真、仁两朝之际"，《中庸》已经开始为士大夫广泛提倡，但其经典地位的真正确立，却是道学运动的结果。换言之，恰恰是道学家们的具体阐发，赋予了《中庸》以核心经典的地位。而这些具体的阐发，又奠基于道学思想的整体建构。其中，对易理的阐发才是真正的根本和重心所在。①

张载的易学可从广义和狭义两方面来理解和把握。从广义上说，整个的张载哲学都可以视为对易理的发明，从而成为易学的延伸；而从狭义上看，张载的《横渠易说》，在易学史亦有其无可取代的独到贡献。本章主要着眼于《横渠易说》在经典解释学上的突出特点。

---

① 张载对于《中庸》用力极深，他曾说："某观《中庸》义二十年，每观每有义，已长得一格。"(《张载集》，第277页)这与他个人的思想历程是息息相关的。但其思想及著述中对《中庸》的发挥和运用，却远不及《周易》，特别是《系辞》。这与张载思想构建的主要目标是为儒家生活方式奠立形上学基础有关。

一 《横渠易说》的成书年代

对于《横渠易说》的成书年代，张岱年先生曾有这样的论断：

> 《易说》可能是早年著作。《程氏外书》中记载尹焞的话说："横渠昔在京师，坐虎皮说《周易》，听从甚众。一夕二程先生至，论《易》，次日横渠撤去虎皮。……"（《二程全书》卷三十七"祁宽所记尹和靖语"）张载在开封讲《易》时，可能已经开始写《易说》了。①

依张先生此说，则《易说》是张载与二程见面之前的作品。②这样一来，此书对于理解和把握成熟时期的张载思想，就只有一点参考价值了。

---

① 张岱年：《关于张载的思想和著作》，《张载集》，第15页，此文收载于《张载集》的卷首。实际上，张先生这段话多少有些含糊其辞：一方面定《易说》为早年著作；另一方面，又说"张载在开封讲《易》时，可能已经开始写《易说》了"。而说《易说》是早年著作，跟说张载早年即已开始写作《易说》，对于此书成书年代的判定会有截然不同的结果。

② 吕大临《横渠先生行状》云："嘉祐初，见洛阳程伯淳、正叔昆弟于京师。"则张载初见二程当在嘉祐元年。因为，张载与程颢同为嘉祐二年进士。他与程颢见面应该是在此前一年程颢随父在京师之时。

　　然而，从《易说》中种种细节的证据看，其成书过程绝非如此简单。《易说》在对《乾》卦《文言》"'飞龙在天'，乃位乎天德"一句的注解中，有这样一段文字：

　　　　故尝谓大可为也，大而化不可为也，在熟而已。盖大人之事，修而可至，化则不可加功，加功则是助长也，要在乎仁熟而已。①

此节中的"故尝谓"一语，显是指明后面的文字是对自己从前议论的引述。而后面"大可为也，大而化不可为也，在熟而已"，分别见于《正蒙·神化篇》和《易说》中的《系辞》注。"大可为也"一句的撰成时间无从考证，但由此，我们仍可确定，《易说》中至少部分是写成于《正蒙》中那些较为成熟的思想资料之后的。

　　又《易说》于《系辞上》"精气为物，游魂为变，是故知鬼神之情状"一句注曰：

　　　　"精气为物，游魂为变"，精气者，自无而有；游魂者，自有而无。自无而有，神之情也；自有而无，鬼之情也。

----

①　《横渠易说·乾》，《张载集》，第77页。

自无而有，故显而为物；自有而无，故隐而为变。显而为
物者，神之状也；隐而为变者，鬼之状也。大意不越有无
而已。物虽是实，本自虚来，故谓之神；变是用虚，本缘实
得，故谓之鬼。此与上所谓神无形而有用，鬼有形而无用，
亦相会合。所见如此，后来颇极推阐，亦不出此。①

这段话是《张载集》的编者依"古逸丛书本"《周易系辞精义》
中所引《文集》的内容补入的，并非《系辞》注的原文。而且，
详味其语气，应该是对张载某一封书信的摘引。从其中的最后
一句话"所见如此，后来颇极推阐，亦不出此"，可知"精气
者，自无而有"至"变是用虚，本缘实得，故谓之鬼"这整段
话，是张载对自己早年文字的引证。张载曾说："《大易》不言
有无，言有无，诸子之陋也。"②故在张载的哲学话语中，主要
以虚气、幽明立言，而大都不涉有无。而这一段文字却以有无
为核心范畴，无疑应当是张载早年的文字。然而，尽管是早年
未定之论，但在张载看来，这段话还是实有所见的，所以，后
来虽有种种推演阐发，但并未能从根本上超越这段话中所蕴涵
的洞见。由此可以看出，张载对《周易》的种种解说，有一个

---

① 《横渠易说·系辞上》，《张载集》，第183—184页。
② 同上书，第182页。

不断修订和完善的过程。在其早年的注解中，此类依有无立言的文字当不在少数，但在我们今天看到的《横渠易说》，却只有极少的几条材料，还可见到些微残迹。

事实上，张载的撰述，大都经过他本人的反复斟酌和修改。对他而言，这一著述的过程，同时也是一种重要的涵养工夫：

> 学者潜心略有所得，即且志之纸笔，以其易忘，失其良心。若所得是，充大之以养其心，立数千题，旋注释，常改之，改得一字即是进得一字。始作文字，须当多其词以包罗意思。[1]

这样一种对待书写的态度，决定了《横渠易说》这样重要的著述，不可能停留在早年的形态上，必定经过了漫长的锤炼和润饰的过程。而从"往往经文数十句中一无所说"[2]的状况看，《易说》应该是未完成的著作。由此可知，《易说》中的种种论说，总体上应视为张载成熟期的著述来加以考察。

---

① 《经学理窟·义理》，《张载集》，第275页。
② 《四库全书总目提要·横渠易说》。

二 释《易》体例

在张载对《周易》的解释中，我们可以清楚地看到王弼的影响。张载显然对王弼有过深入的阅读：

> 谷神能象其声而应之，非谓能报以律吕之变也，犹卜筮叩以是言则报以是物而已，《易》所谓"同声相应"是也。王弼谓"命吕者律"，语声之变，非此之谓也。①
>
> 王弼于此无咎又别立一例，只旧例亦可推行，但能嗟其不节有过之心则亦无咎也。②
>
> 辅嗣所解，似未失其归也。③

第一条材料表明张载读过王弼《老子注》。④第二条材料出自《横渠易说》的《节》卦注，材料似乎是说王弼在解释此卦时又创立了新的解释原则，而张载认为依王弼原本的解释原则也可以解释得通。王弼在解释《节》卦六三"不节若，则嗟若，无咎"

---

① 《正蒙·有德篇》，《张载集》，第 46 页。

② 《横渠易说·节》，《张载集》，第 170 页。

③ 《横渠易说·系辞上》，《张载集》，第 184 页。

④ "命吕者律"这句话见于王弼《周易略例·明爻通变章》。"谷神"一词见于《老子》第六章。在张载看来，王弼以"命吕者律"来解释"同声相应"是不正确的，因为吕律之间的呼应已属于声变之范畴，而非"象其声而应之"的同声了。

时说："若，辞也。以阴处阳，以柔乘刚，违节之道，以至哀
嗟。自己所致，无所怨咎，故曰'无咎'也。"① 在王弼的解释
原则中，"以阴处阳，以柔乘刚"是典型的致凶之道，如对《师》
卦六三、《履》卦六三的解释都是如此。可见，张载质疑的不是
王弼的一般解释原则，而是此处的具体解释：此爻不必一定要
释为凶爻，依爻辞的字面义解释即可。张载在解释此爻时说：
"处非其位，失节也。"这显然是接受了王弼对爻德与爻位关系
的基本把握。

在解释《周易》的一般原则上，张载基本上承袭了王弼在《周
易略例》里创设的体例。对于爻位，张载也用承、乘、比、应
以及当位与不当位来理解和把握：

> 履非其位，处险之极，若能不为他累，专应上九，则
> 虽危终吉，故曰"旧德"；以阴居阳，又处成功，必有悔
> 吝，故曰"无成"。(《讼》卦，六三)②
> 乘刚未安，其进也宁旋。(《履》卦，上九)③
> 当位而应，理不当遁，以阴长故遁，故曰"与时行"，

---

① 《王弼集校释》，第 512 页。
② 《横渠易说·颂》，《张载集》，第 88 页。
③ 《横渠易说·履》，《张载集》，第 94 页。

又曰"小利贞"，又曰"遯而亨"也。（《遯》卦，卦辞）①

在这三处引文当中，上述释《易》原则都得到了充分的运用和发挥。尽管依据的是基本相同的解释义例，但《易说》在具体的解释上，与王弼《周易注》还是有较大的不同。以上引《履》卦上九为例，王弼对于爻辞"视履考祥，其旋元吉"注曰："祸福之祥，生乎所履。处履之极，履道成矣，故可视履而考祥也。居极应说，高而不危，是其旋也，履道大成，故元吉也。"②在王弼看来，此爻作为履道之终，与此卦之下卦《兑》的上爻相呼应，有"居极应说"（《兑》为"悦"）之德，所以，是元吉之爻。而张载则更多地强调此爻乘刚（其下爻为九五）的隐患。由于这一隐患，即"乘刚未安"，所以不能"视所履以考求其吉"，而应该回向六三，才能"获应而有喜"。③

当位与否，对于某一爻的性质有较大的影响。但这并不意味着当位则吉，不当位则凶：

以阳居阳，其志亢也，旅而骄亢，焚次宜也。（《旅》

---

①　《横渠易说·遯》，《张载集》，第128页。
②　王弼：《周易注》卷一，《四库全书》本。
③　《横渠易说·履》，《张载集》，第94页。

卦，九三）①

　　以阳居阴，其志下比，无应于上，故曰"巽在床下"。
然不失中道，下为之用，故史巫纷若，乐为之使，吉而无
咎，非如上九丧其资斧。（《巽》卦，九二）②

　　《旅》卦九三，"以阳居阳"，为当位。但在《旅》卦所构成的
时势当中，"以阳居阳"反而会因"志亢"而引生灾祸。《巽》
卦九二，虽不当位，但"其志下比"，有巽顺之意，故"吉而
无咎"。

　　除上述一般原则外，某一卦的整体情势，对爻位的把握也
有重要的作用。而对某一卦时中特定爻位的把握，《横渠易说》
也深受王弼《周易注》的影响：

　　柔而无应，能择有信者亲之，己之诚素著显，终有它
吉，比好先也。（《比》卦，初六）③

　　这里对《比》卦初六的解释，主要依据是"比好先也"。而这显

---

① 《横渠易说·旅》，《张载集》，第 165 页。标点略有调整。
② 《横渠易说·巽》，《张载集》，第 166 页。
③ 《横渠易说·比》，《张载集》，第 91 页。

然是对王弼《周易略例》"比复好先"① 的援引。

尽管在把握爻位的基本原则上，张载深受王弼的影响。但对《周易》的具体解释，更多地还在于由卦辞、爻辞等构成的一个基本的语境，而对这一语境中的各要素的贯通和关联则在根本上取决于解释者的哲学视野。比如，对《乾》卦《文言》"潜龙勿用，……终日乾乾，与时偕行；……亢龙有悔，与时偕极"，王弼的注释只有"与天时俱不息""与时运俱终极"这两句话。而张载于此则特加发挥：

> 《易》虽以六爻为次序而言，如此则是以典要求也。乾初以其在初处下，况圣修而未成者可也。上以居极位画为亢，圣人则何亢之有！若二与三皆大人之事，非谓四胜于三，三胜于二，五又胜于四，如此则是圣可阶也。三四与二，皆言所遇之时。二之时平和，见龙在田者则是可止之处也。时舍，时止也，以时之和平，故利见不至于有害。三四则皆时为危难，又重刚，又不中，至九五则是圣人极致处，不论时也。飞龙在天，况圣人之至若天之不可阶而升也。……故尝谓大可为也，大而化不可为也，在熟而已。盖大人之事，修而可至，化则不可加功，加功则是助长

---

① 　王弼：《周易注》卷十。

也，要在乎仁熟而已。①

这里，张载认为乾之初爻可以用来比拟修德而未至于成性的阶段，比如颜子之徒；而九五则用来比喻圣人不可以经由人为的阶梯而渐至。而这与张载对《论语》的相关段落的解释也有关联。《正蒙·中正篇》云：

> 学者中道而立，则有仁以弘之。无中道而弘，则穷大而失其居，失其居则无地以崇其德，与不及者同，此颜子所以克己研几，必欲用其极也。未至圣而不已，故仲尼贤其进；未得中而不居，故惜夫未见其止也。②

这段话是对《论语·子罕》中"子谓颜渊曰：惜乎！吾见其进也，未见其止也"的注解。以往的解释大都将此句理解为孔子对颜渊进德不息的赞叹和惋惜。如《论语集释》："马曰：孔子谓颜渊进益未止，痛惜之甚。"③而张载的解释，则将这里的"止"字读作了"止于至善"的止。而这种解释又与他对德性

---

① 《横渠易说·乾》，《张载集》，第76—77页。
② 《正蒙·中正篇》，《张载集》，第27页。
③ 程树德：《论语集释》，中华书局，1990年8月，第614页。

养成的整体思考密不可分。① 由此，可以窥见张载思想的重心所在。

值得注意的是，《横渠易说》虽然在释《易》体例上，没能形成对王弼《周易注》所构建的一般原则的突破和超越，但也并非全无创见。如解释《临》卦卦辞时，张载论曰：

> 临言"有凶"者，大抵《易》之于爻，变阳至二，便为之戒，恐有过满之萌。未过中已戒，犹履霜坚冰之义，及《泰》之三曰："无平不陂，无往不复"，皆过中之戒也。②

从《临》卦的"有凶"，提炼出《易》有"过中之戒"这一原则，是张载独到的见解。③

对于《易传》的"大《象》"和"小《象》"，张载也提出了自己的解释原则：

---

① 另见《横渠易说》《革》卦关于"大人虎变""君子豹变"的注释。

② 《横渠易说·临》，《张载集》，第 105 页。

③ 张载对于"过"的理解，相当复杂和深刻。在解释《小过·象辞》时，张载指出："时宜用过，虽过正也。"(《张载集》，第 173 页。标点略有调整) 在他看来，并非所有的"过"都是不合宜的。当必须用"过"的情势下，"过"也是符合正理的。

《易》大象皆是实事，卦爻小象则容有寓意而已。言"风自火出家人"，家人之道必自烹饪始；风，风也，教也，盖言教家人之道必自此始也。又如言"木上有水井"，则明言井之实事也。又言"地中有山谦"，夫山者崇高之物，非谦而何！又如言"云雷屯"，云雷皆是气之聚处，屯，聚也。（《谦》卦，象辞）①

在张载看来，《易传》"大《象》"的《象》都有其实指，不能在喻义的层面上来理解。而"小《象》"则是"容有寓意"的。这一解释原则的提出，对于理解《易传》的《象辞》，是有重要意义的。

三　大《易》归旨

张载对二氏，特别是释氏的批评，大抵以《易》道为根本：

> 大率知昼夜阴阳则能知性命，能知性命则能知圣人，知鬼神。彼欲直语太虚，不以昼夜、阴阳累其心，则是未

---

① 《横渠易说·谦》，《张载集》，第 100 页。

始见易，未始见易，则虽欲免阴阳、昼夜之累，末由也已。易且不见，又乌能更语真际！舍真际而谈鬼神，妄也。所谓实际，彼徒能语之而已，未始心解也。[①]

"见易"与否，成了分判儒释的根本判准。"见易"一语出自《系辞上》："乾坤毁则无以见易。"张载对此给出了这样的解释："感而后有通，不有两则无一。故圣人以刚柔立本，乾坤毁则无以见易。"[②]这里，乾坤、刚柔等两体的确立，是"见易"的前提。而儒者所见之易，其实就是兼体虚实、昼夜、阴阳的神化作用。[③]在张载看来，释氏由于看不到贯通于天地法象之中的神化作用，而仅仅看到了作为"神化之糟粕"的有形有象的"客形"的暂寄性，从而有"彼惟不识造化，以为幻妄"[④]之失。

而在张载的易学话语当中，"易"又有作为经典文本的《易》与"天易"之别：

《系辞》言《易》，大概是语《易书》制作之意；其言"易

---

　　① 《正蒙·乾称篇》，《张载集》，第65页。
　　② 《横渠易说·系辞上》，《张载集》，第206页。
　　③ 在张载的哲学中，易与神化之间的关系是非常明确的："神与易虽是一事，方与体虽是一义，以其不测，故言无方；以其生生，故言无体。然则易近于化。"（《张载集》，第187页）
　　④ 《横渠易说·系辞上》，《张载集》，第206页。

无体"之类，则是天易也。①

这里所说的"天易"，也就是贯通于生生不已的造化当中的神化变易之理。而"《易》之为书与天地准"②，故能将此至深至微的易理"弥纶"③于其中。

圣人之所以作《易》，其目的在于明天道以归人事。因此，《易》的重心乃在于教诫：

> 《易》即天道，独入于爻位系之以辞者，此则归于人事。……因爻有吉凶动静，故系之以辞，存乎教诫，使人动则观其变而玩其占，其出入以度，内外使知惧，又明于忧患与故，无有师保，如临父母。圣人与人撰出一法律之书，使人知所向避，《易》之义也。④

《周易》一书尽管统摄了天下至深至微的易理，然而圣人作《易》的目的却并非要所有的人通过读其书而明了至理，而是通过

---

① 《横渠易说·系辞上》，《张载集》，第186页。
② 同上书，第181页。
③ 张载对于"弥纶"一词称赏不已，以为一定是孔子的发明："言'弥纶''范围'，此语必夫子所造。弥者弥缝缀缉之义；纶者往来经营之义。"（《张载集》，第181页）
④ 《横渠易说·系辞上》，《张载集》，第181—182页。

"系之以辞"，给出具体的教诫。因此，在张载看来，《周易》是圣人为人们撰写的一部"法律之书"，作为人们行动的指南，使人们有所忧惧，"知所向避"。这段话中，"使人动则观其变而玩其占"一语很容易让人误解，以为张载在强调《周易》预决吉凶的占筮功能。而实际上，张载对于占筮在总体上是持排斥态度的。在解释《系辞》"动则观其变而玩其占"这句话时，张载说："占非卜筮之谓，但事在外可以占验也，观乎事变，斯可以占矣。"① 这里，张载将"占"解作"占验"，而非占筮。而所谓"玩其占"，也就是通过深入考察事物的变化，来理性地决断其行动的向背趋避。

《易》在圣人所关注的"辞""变""象""占"这四个方面，都达到了至精至深的程度。在注释《系辞上》"《易》有圣人之道四焉：以言者尚其辞，以动者尚其变，以制器者尚其象，以卜筮者尚其占"这句话时，张载说：

　　尚辞则言无所苟，尚变则动必精义，尚象则法必致用，尚占则谋必知来，四者非知神之所为，孰能与于此！②

---

① 《横渠易说·系辞上》，《张载集》，第 180 页。
② 同上书，第 198 页。

正因为制作《易》书的圣人对天地神化之道有深入的洞察，所以《周易》一书才能在"辞""变""象""占"这四个方面穷深极微。然而，《大易》的探赜索隐与诸子的"穷高极幽"是有着本质区别的："《易》语天地阴阳，情伪至隐赜而不可恶也。诸子驰骋说辞，穷高极幽，而知德者厌其言。故言为非难，使君子乐取之为贵。"① 二者之间的根本区别在于：圣人于天地神化之理实有所见，而只有根源于此"精义"的语辞方能"尽理而无害"。

然而，"神"作为至高的形上者，是"清通而不可象"的。而作为"不可象"者，其实也就无法用言辞来表达。那么，《周易》是如何用言辞穷尽圣人对"神"的洞见的呢？对于这个问题，张载在解说《系辞上》"鼓之舞之以尽神"这句话时给出了解答：

> 辞不鼓舞则不足以尽神，辞谓《易》之辞也。于象固有此意矣，又系之以辞，因而驾说，使人向之，极尽动之义也。歌舞为巫风，言鼓舞之以尽神者，与巫之为人无心若风狂然，主于动而已。故以好歌舞为巫风，犹云如巫也。巫主于动，以至于鼓舞之极也，故曰尽神。②

---

① 《正蒙·大易篇》，《张载集》，第 48 页。
② 《横渠易说·系辞上》，《张载集》，第 205 页。

正如巫在歌舞中为动所主，从而在鼓舞之极的状态下充分地表现出"神"的作用那样，圣人通过"系之以辞"，让《周易》的语辞构成一个"极尽动之义"的语辞系统，从而将"不可象"之"神"充分地表达出来。这里，圣人作《易》不是将语辞界定在某种凝滞的语境当中，而是最大限度地给语辞以自由，使之在鼓舞跃动之中展现出神的至高的能动意味。

四 易学哲学

张载的主要哲学概念，除"太虚"以外，皆取自《周易》。"太虚"一语在儒家经典中并不习见，而多见于道家典籍。① 以其"又访诸释老之书，累年尽究其说"② 的经历看，张载从道家和道教典籍中引入"太虚"这一概念，是完全可能的。然而，以这一显然外在于儒家话语传统的语汇来构建儒家的哲学系统，总要经由一个合理的媒介，才能获得最低限度的正当性。

---

① 如在五代谭峭《化书》、彭晓《周易参同契分章通真义》等书中，"太虚"都是相当重要的概念。从张载亦用此概念解说天文现象看，似乎亦可窥见其古代天文学的根源。然而，详考《宋史·天文志》，却未见这一概念。由此可知，这个语汇并不属于当时通行的自然科学话语。"太虚"一词在唐宋诗歌中较为常见，应该在日常用语中比较常见。但日常用语要想提升为哲学概念，仍需有其经典上的依据。

② 吕大临：《横渠先生行状》，《张载集》，第 381 页。

"太虚"一词虽然不见于儒家之六经，但却常常出现在六经的注疏当中。而载有"太虚"一词的注释文字，大都出自宋以后的著述。较早的只有韩康伯的《系辞注》和胡瑗的《周易口义》。韩康伯《系辞注》云：

> 尝试论之曰：原夫两仪之运，万物之动，岂有使之然哉？莫不独化于太虚，歘尔而自造矣。造之非我，理自玄应；化之无主，数自冥运。[1]

韩康伯这段话其实可以视为对郭象"独化于玄冥之境"的思想的具体发挥。[2] 此处的"太虚"实即郭象的"玄冥"。而郭象立"玄冥"之义，其根本目的即在于破斥王弼"以无为本"的贵无之谈。这样一来，韩康伯此节注释里的"太虚"，恰恰是立"独化""无无"之论的关键概念。而张载也正是通过以"太虚"解"无"，来从根本上消除"无"的本体论意义。单就"太虚"这一概念所发挥的作用看，是与韩康伯殊途同归的。张载对于王

---

[1]　《王弼集校释》，第 543 页。

[2]　韩康伯续注《系辞》《说卦》等，后与王弼《周易注》并为一书。据《四库提要》："王俭《七志》，已称弼《易注》十卷，孔颖达《周易正义》，亦合王韩为一书，则其来已久矣。"然而从思想旨趣看，韩康伯并不专主王弼，而是试图将王弼与郭象的思想融贯在自己对《系辞》的注释当中。

弼《周易注》的熟悉程度，我们在前面已经给出了详尽的讨论。
而早在唐以前，王韩之注已合为一书。张载不仅从韩康伯的《系
辞注》中汲取了"太虚"这一重要的哲学概念，而且还汲取了
以"太虚"破"无"的运思理路，这样的推断是合乎情理的。

　　除这一远源外，胡瑗的《周易口义》很可能是"太虚"一
词的近典。《周易口义》在论及《乾》卦的爻位时说："五正当
天位，六为天之上有太虚之象，然后万物成形而天下之能事毕
矣。"①这里的"太虚之象"一语，与张载强调的"太虚"无形
而有象，是基本一致的。张载是嘉祐二年（1057 年）的进士，
嘉祐元年（1056 年）前后曾在京师讲说《周易》，而此时正是
胡瑗执掌京师太学的时候。《周易口义》一书成书于何时，无从
确知，但从程颐已说过"读《易》当先观王弼、胡瑗、王安石
三家"这样的话看，应该是在相当早的时候，即有刻版流传的。
《周易口义》是胡瑗讲授《周易》的讲稿，由其弟子倪天隐笔述。
叶祖洽《陈襄行状》云："妹，长适前祠部郎中直史馆刘彝，次
适进士倪天隐。"②则倪天隐之年辈当略晚于陈襄。又《宋史·彭
汝砺传》云："少时师事桐庐倪天隐。"③彭汝砺为治平二年（1065
年）进士，卒于绍圣二年（1095 年）前后，卒年五十四岁。《传》

---

① 《周易口义》卷一。
② 《古灵集》卷二十五，《四库全书》本。
③ 《宋史》，第 10976 页。

既云"少时"，则其从学于倪天隐最迟也当在宋仁宗皇祐年间（1049—1054 年）。由此可以推知，倪天隐追随胡瑗问学的时间当在皇祐以前。而他记录下来的讲稿，在皇祐年间已经在一定范围内流传，是非常可能的。从张载的交游范围看，他接触到这一讲稿的机会应该是很多的。而《周易口义》对于"太虚"一词的运用，至少为这一明显具有道家倾向的语汇进入儒学话语扫除了障碍。

从上面的讨论可知，"太虚"这一概念虽然不是取自《周易》的经传，但与《周易》的注释传统有着莫大的关联。而正是这一通过注解《周易》而得以融入儒学话语的概念，在张载的哲学建构中发挥了枢纽性的作用。在本体论上，以"太虚"和气来取代无和有，从而在根本上将释氏之空与老氏之无从聚散无已的实然过程中驱逐出去；在心性论上，虚作为感通的根本，是尽心以知性、大心以体物的前提；而在工夫论上，虚心又是克服意、必、固、我，从而日新其德的重要的涵养工夫。

尽管张载哲学的基本概念皆源自《周易》或《周易》的注释传统，但经由他的诠释和阐发，这些概念在原本的语境中难以察觉的结构的可能性，被充分地掘发、彰显出来。事实上，经典文本之所以成其为经典，即在于其文本中积聚的不会被任何一个时代的历史处境所穷尽的文本潜能。"经"的恒常义，同时也就意味着无尽的超越性——在给予某一时代的思想和话语以根源性的力量的同时，又超越该时代的域限。作为贯通于某一历史性民族的精神历程之始终的文本，经典是不可能也不应该在任何一种可能的诠释中被穷竭的。如果确实可能有某种终极的解释，那么，这样的终极诠释出现之日，也就是该经典的精神性耗竭之时。换言之，终极诠释将使经典被完全收摄进解释者的时代，从而不再可能为此后的世代提供精神的支点。在这种意义上，试图历史性地还原经典的本义，要么是在去经典化的意义上斩断我们与经典的关联，要么就是在将自己的时代印迹简单地加诸经典文本的同时，完成自我的承认和确证。事实上，真正成功的诠释，总能在经典与时代之间保持一种持存的张力。经典作为所有时代的他者，几乎是确保我们不堕入沉迷于自我循环和自我复制的时代的"我执"的唯一力量。在这方面，张载对易学哲学的诠释和发挥，为我们提供了一个杰出的范例。

《说》卦传云："参天两地而倚数，观变于阴阳而立卦。"在原本的上下文里更多具有象数学意味的"参天两地"，在张载那里，成为其本体论结构的基本线索。这里，仅仅对由具体语境构成的表面文本给出合理的疏解，并不是张载注释策略的重心所在。随着"地所以两"和"天所以参（即叁）"的追问的提出，《说》卦中这句并无显见的本体论意味的话，在张载的易学思想中获得了达至本体论高度的纵深感。"地道"的二元结构构织起了有形世界的整体，虚实、动静、聚散、清浊，充塞宇宙。值得注意的是，被纳入"地道"之两的二元架构中的，并不仅仅是质料性的物质实存，而且也涵盖了我们通常视为作用和过程的东西，比如聚散和动静。在张载看来，凡是可以分判开来的要素，皆在此二元架构当中。然而，这一二元架构的存在，从根本上讲是为了安置和显现太极神体的贯通作用。天道之所以是叁，就在于太极神体之一对于有形世界的二元结构的贯通和超越。太极神体本身是"离明"无法照察的，因此是无形无象的，是至高的形上者。这一无形无象的太极神体，经由虚实、动静、聚散、清浊等二元要素间的感通已显现出来，构成了由"太和"来指谓的实然的宇宙进程。因这一"太和之道"中有超乎形象的本体贯通其间，所以，不能为有形的存在所穷尽。故对于"太和之道"，是只能"象之"的。《正蒙·太和篇》云："凡天地法象，皆神化之糟粕尔。"[1] 也就是说，天地间种种有形有象的过程与实在，其实都是神化的残迹。而"神与易"本是"一事"，从其不测的方面看，看到的是"神"之"无方"，而从其生生的角度看，则看到的是"易"之"无体"。[2] 张载的哲学的确强调虚实皆气，但气本身是无法导出合理的价值系统的，因

---

① 《正蒙·太和篇》，《张载集》，第 9 页。
② 《横渠易说·系辞上》，《张载集》，第 187 页。

此，如果仅仅以气本论为归依，是无从安顿儒家的生活方式所内蕴的精神价值的。神之不测与易之生生，在张载的哲学中，成为安立儒家价值的根本所在。

"感"是张载从《周易》的话语系统中拈出的另一重要的哲学概念。《系辞下》中"屈信相感而利生焉"和"情伪相感而利害生"这两句话，在张载哲学中发挥了极为重要的作用。"感"普遍地存在于虚实、动静、聚散、清浊等二元要素中，是神化作用的具体体现。正是由于不测之神引生的无所不在的"感"，使得作为儒家价值系统的根本的仁，有了本体论上的依据。有的时候，张载甚至会用"爱必兼爱"这样近乎墨家的表述，来强调以无所不在的"感"为依据的仁爱的普遍性。在某种意义上，"感"这一概念具有将张载哲学中的本体论和道德形上学关联起来的枢纽作用。以神为内在根据的普遍的"感"，落实到人伦日用层面，就体现为人与人之间的关联。在这里，张载复现了其本体论的结构："地道"的二元架构以及在此二元架构基础上的天道的参和通贯。只是构成二元架构内容的要素变成了"屈信"和"情伪"。在张载看来，"情伪相感而利害生"这句话，道说的是一般的社会生活当中人与人之间的感应状态。张载显然是把此处的"情"，理解为"情实"之"情"。也就是说，在一般的社会生活当中，构成生活的主要内容的，也就是"诚"和"伪"之间的交互作用。而由于有了"伪"，"害"也就随之而来了。这样一来，张载就为《系辞下》里的"利"和"害"赋予了道德含义。"伪"根源于人们的形气之私，而基于形气之私的"感"无法做到平正公允，也就不可避免地会给他人带来伤害。而"屈信相感而利生"，则是"感以诚"。以诚而感，则"顺理而利"①。在张载看来，只有因人们的伪妄而生的患害才是真正意义上的"害"，这样的"害"是可以避免的。那些无论人们怎样行动都会出现的患害，既无法躲避，也无须躲避："人能从之，则不陷于凶悔矣，所谓'变动以利言'者也。然爻有攻取爱恶，本情素动，因生吉凶悔吝而不可变者，乃所谓'吉凶以情迁'者也。能深存《系辞》所命，则二者之动见矣。又有义命当吉当凶、当亨当否者，圣人不使避凶趋吉，一以贞胜而不顾，如'大人否亨'、'有陨自天'、'过涉灭顶凶无咎'、损益'龟不克违'及'其命乱也'之类，三者情异，不可不察。"②

在人性论上，张载虽也秉承了孟子的性善论思想，但他对人性内涵的具体理解，还是以《系辞》的基本表述为依归。《系辞上》曰："一阴一阳之谓道，继之者善也，成之者性也。"对于这句话，张载注曰：

---

① 《横渠易说·系辞下》，《张载集》，第 232 页。
② 同上书，第 209 页。

> 言继继不已者善也，其成就者性也。仁知各以成性，犹勉勉而不息，可谓善成，而存存在乎性。仁知见之，所谓"曲能有诚"者也。不能见道，其仁知终非性之有也。[①]

这里，善之所以为善，正在于其"继继不已"。人的心灵中有持恒的向善的倾向，才可以称得上善。而这一持恒的向善的倾向，作为不息的天道神化的体现，也就是人所固有的内在本性。这一向善的倾向在成性之前，仍只是随时具有的潜在可能性。只有到了成性以后，方能真正做到继善不已，从而让自己的内在本性充尽地实现。这里，通过对《易》理的阐释，张载成功地将其本体论建构融贯到其道德形上学的根柢当中。

五 《易》道中的政治哲学

正如余英时教授指出的那样，北宋士大夫有极强的"政治主体意识"[②]。这一时代精神在张载身上体现得尤为充分。程颐曾说："某接人，治经论道者亦甚多，肯言及治体者，诚未有如子厚。"[③]而张载本人在论及二程优劣时，也以忧世之怀为标

---

① 《横渠易说·系辞上》，《张载集》，第 187 页。
② 余英时：《朱熹的历史世界》，第 229—230 页。
③ 《洛阳议论》，《二程集》，第 110 页。

准："子厚谓：昔尝谓伯淳优于正叔，今见之果然；其救世之志甚诚切，亦于今日天下之事尽记得熟。"[1]此种忧世济民的情怀，使得他在《易》理的阐发中，也融入了对当世问题的深入思考。

对于北宋时期日益严峻的周边情势，张载是有着极为清醒的认识的。在今本《文集佚存》当中，论及边事的文章几达半数。从这些文章看，张载对于当时西北边界的军事形势是相当熟悉的。在题为《边议》的一组短章中，他为北宋朝廷详细地勾画了战守的远略。以《因民》一文为例：

计民以守，必先相视城池大小，夫家众寡，为力难易，为地缓急，周围步尺，莫不尽知。然后括以保法，萃以什伯，形以图绘，稽以文籍，便其居处，正其分位。平时使之知所守，识所向，习登降，时缮完；贼至则授甲付兵，人各谨备，老幼供馌，妇女守室。如是，则民心素安，伎艺素讲，寇不能恐，吏不能侵，无仓卒之变，无颠乱之忧，民力不足，然后济之以兵。此三代法制，虽万世可行，不止利今日之民。[2]

---

① 《洛阳议论》,《二程集》，第 115 页。
② 《文集佚存》,《张载集》，第 357 页。

这组文字成于何时，难以详考。但从内容上看，应与《与蔡帅边事画一》《经略司画一》等文约略同时。① 《与蔡帅边事画一》是针对西夏谅祚之死的具体谋划，显然成于熙宁元年（1068 年）前后。在《因民》一文中，张载提出了"计民以守"的方略。从这一方略中的"括以保法，萃以什伯，形以图绘，稽以文籍"等措施看，实与后来王安石推行的保甲法颇为相似。②

除"省戍""因民"等谋划外，张载对于"择帅"也极为关注。而这一关注亦体现在《易说》对《师》卦六五爻辞的解说中：

> 柔居盛位，见犯乃较，故无咎。任寄非一，行师之凶也。③

---

① 《与蔡帅边事画一》与《边议》中《省戍》一文的宗旨相同。《经略司画一》中"本州不拘僧道、举人、公人、百姓、弓箭手，如有拽硬及八九斗以上，有胆气可使之人，并仰召来试验，如委是上等事艺，当议勾赴当司，特与相度安排，或纳与请受，令各自团结，取情愿处使用"一条，与《边议》中对种世衡鼓励士民习射的做法的称赏完全一致。关于《边议》这一组短章的成篇年代，陈俊民教授认为是在康定元年："当康定元年（1040 年）落职被贬的范仲淹出任招讨使镇守延州时，他便上书《边议》九条。"（《张载哲学与关学学派》，第 45 页）但陈氏并未给出这一论断的依据。

② 王安石保甲法的宗旨在于恢复兵民合一的制度，其具体措施虽与张载此文有所不同，但基本方向是一致的。关于王安石保甲法的具体内容，参见漆侠：《王安石变法》，河北人民出版社，2001 年 9 月，第 116—120 页。

③ 《横渠易说·师》，《张载集》，第 90 页。

这一条注释虽然十分简略，却指出了北宋军事制度的最大问题——任将不专。值得注意的是，对于《师》卦六五爻辞"长子帅师，弟子舆尸，贞凶"一句，北宋儒者大都将"尸"解释为动词"主"，这样一来，"弟子舆尸"就成了"以弟子众主之"的意思，从而与王弼注"弟子之凶固其宜也"的注释旨趣大相径庭。[①] 北宋有惩于唐代藩镇制度的弊端，改任文臣为边帅。而且，边帅对于重大的军事问题并无便宜行事的机动权。这在实际上等于由朝廷直接参与指挥边陲的战事，以当时的技术条件和行政效率，这样的指挥系统几乎不可能有效地应对瞬息万变的战局。张载对北宋王朝的这一"家法"[②]，是持肯定态度的："本朝以武臣典强藩，轻战忘患，故选用文臣节制，为计得矣。"这种策略在承平之时，可以大大降低因藩镇的过分强大而引生叛乱的危险。但当"寇仇入境"之时，临时"举数万之甲付一武人"，实为取败之道。[③] 既不能回到以武臣掌握藩镇的老路上去，又要建立起能有效应对边事的军事系统，重提封建在张载看来也许是唯一根本的解决途径了。事实上，在当时的历

---

① 胡瑗的《周易口义》、司马光的《温公易说》以及程颐的《伊川易传》，都有相同的特点。

② 关于北宋的家法，参见邓广铭：《宋朝的家法和北宋的政治改革运动》，《邓广铭治史丛稿》，北京大学出版社，1997年6月，第126—127页。

③ 《文集佚存》，《张载集》，第358页。

史条件下，重提封建的问题并不像后世想象的那样不可思议。章太炎在《訄书》里，曾有这样一段发人深省的议论："宋之季，而祸发于穸庐，州郡破碎，墓无完槽，里无完室，则李纲始有分镇之议。虽不竟行，南宋卒赖是以自完其方部。然后知封建之说未必非，而郡县之说未必韪也。"①

朋党问题是理解北宋政治史的关键所在。北宋朝的朋党与前代的党争是有很大区别的。特别是随着王安石变法的深入开展，围绕着"国是"②的政治斗争，甚至具有了某种现代政党政治的雏形。张载在整体上对朋党是持否定态度的。这一点，在其《易说》中有充分的体现。在解释《坤》卦卦辞"西南得朋，东北丧朋，安贞吉"时，张载说：

> "西南得朋"，是始以类相从而来也。"东北丧朋"，丧朋，相忘之义，听其自治，不责人，不望人，是丧其朋也，丧朋则有庆矣。③

与一般以"得朋"为吉不同，在张载的解释里，"丧朋"方是吉庆之道。显然，他将此处的"朋"理解为"朋党"之"朋"，而

---

① 《章太炎全集》，第三册，上海人民出版社，1984 年 7 月，第 72 页。
② 参见余英时：《朱熹的历史世界》，第 251—268 页。
③ 《横渠易说·坤》，《张载集》，第 80 页。

非"友朋"之"朋"。他对《咸》卦的解释，也体现了相同的思想倾向：

> 山上有泽，非交感不能也。感物之善，莫若以虚受人，有所系慕，皆非正吉，故六爻皆以有应不尽卦义而有所讥也。(《咸》卦，象辞注)[1]

> 以阳居阴，非躁感于物者也，然体兑性悦，未免乎思以求朋之累也。盖体悦之初，应止之始，己劳于上，朋止于下，故憧憧得朋，未为光大，不持以正则有诮渎之悔。(《咸》卦，九四爻辞注)[2]

《咸》卦六爻之间皆有呼应的关系。从释爻的一般原则看，有应本是积极的要素，但在《咸》卦里却成了负面的东西。在这里，爻位上的呼应象征着带有偏党性质的"系慕"。而凡是不能超越偏党的感应都有朋党的意味，从而未能充分体现《咸》的本义。张载的这一思考，显然是有感于当时的新旧党争引起的政治危局。对于王安石变法的具体做法，张载虽然不尽赞同，但与司马光等旧党不同，他极少公开地批评新法。虽然从交游上看，

---

① 《横渠易说·咸》,《张载集》, 第 125 页。

② 同上书，第 126 页。

他与司马光有所过从，但并不能划入旧党的营垒。^①事实上，在坚持古代士君子无党无私的原则上，张载比二程要彻底和决绝得多。程颐后来曾有过这样的反省："新政之改，亦是吾党争之有太过，成就今日之事，涂炭天下，亦须两分其罪可也。"^②即使在这样深刻的自省当中，程颐所用的仍是"吾党""两分其罪"这样的语汇，从中可见新旧党争的成见如何深刻地形塑了当时的政治思想和话语的基本模式。在党争耗尽了士大夫阶层所有的政治激情和制度想象力后，北宋王朝无可挽回地走向了覆亡。站在后视的立场上，我们不能不感叹张载在这一问题上的深刻和敏锐。

---

① 现存张载的文字中，没有提到过司马光。但司马光曾作有《又哀横渠诗》。诗中并未提及二人交往的经历，恐怕是因为彼此间并没有密切深入的交往。值得注意的是，《又哀横渠诗》特别突显了张载对王安石的抗拒："丞相正自用，立有荣枯权；先生不可屈，去之归卧坚。"（《张载集》，第388页）其中的惺惺相惜之意，更多是出自政治立场。

② 《二程集》，第28页。

再版补记

　　张载哲学的建构和展开，与二程有密不可分的关联。无论是经典渊源、义理基础、价值归趣，还是思想的根本指向，双方都有极高程度的一致性。也正是基于此，关学与洛学才能互为精神上的"同调"。从嘉祐初到熙宁末年去世，张载与二程交游逾二十载，其间论学往复的深入和充分，显非留存下来的聊聊数则所能概现。张载的思想曾一度受到二程的影响。从现存的记述看，这一点没什么可争议的。二程的影响虽然不至于改变张载哲学独具的理致，但至少在相当长的一段时间里，双方的思想是相向而行的。相互理解基础上的对话关系是主旋律。在这样的背景下，二程对《正蒙》直接或间接的批评中表现出的思想的隔阂就更加触目了。如何理解张载与二程在哲学上的根本分歧，是北宋道学研究中无法回避的重要问题。

　　二程对张载的批评，首先针对的是太虚聚而为气、气聚而为万物、万物复消散为太虚的循环论。太虚之气既然不能再消散，也就成了永恒的质料。而从循环的阶段看，太虚又是万物消散而来，可以理解为万物消散之后的残余。这样一来，生生不已的造化就以万物的"既毙之形，既返之气"为条件了。在二程看来，"天地之化，自然生生不穷"（《二程集》，第148页），不会以永恒的质料作为造化的基础。也就是说，在由气构成的实然世界里，一切存有的层面都在不间断的产生和消灭当中——"天地间如洪炉，虽生物销铄亦尽，况既散之气，岂有复在？"（《二程集》，第163页）由二程对张载的含蓄批评，我们可以推知，在二程那里，气的不可感知的存有层面（相当于张载哲学中的太虚体段）既是始终充满又是刹那生灭的。

对于张载哲学中的"神"的观念，二程也持否定的态度："仲尼于《论语》中未尝说神字，只于《易》中，不得已言数处而已。"（《二程集》，第165页）《正蒙》中不断出现的"神"的概念，大体上有三个层面的含义：其一，天下之动的鼓动者。这个层面的"神"，可以称为"太极神体"。张载的太极神体与周敦颐的太极诚体和二程的太极理体，都是对作为一切存有的根源和根据的实体的称谓和揭示。诚体着眼于实有，神体着眼于鼓动，而理体则贯通实有、鼓动二义。其二，太虚体段的气的清通效验。牟宗三先生讲"太虚神体"，应该是将这一效验层面的"神"与作为天下之动的鼓动者的实体层面的"神"混淆了。二程对张载"清虚一大"的批评，恐怕也有类似的问题。张载晚年方出《正蒙》付与弟子苏昞等人。与二程相见于汴京和洛阳时，应该只是当面讨论或书信往复。此时二程应该未睹《正蒙》全本。张载去世后，二程对《正蒙》中的种种表述的理解便无从质证了。因此，二程对张载的批评难免有误解的成分。其三，与"化"相对的变化的形态。在张载那里，"化"是连续的、渐进的、微细到难以察知的改变，故说"化为难知"；"神"则是迅疾到不可测知的程度的变化，因此说"神为不测"。后两个层面的含义，还是以作为天下之动的鼓动者的"神"为根本。

以形上、形下的区分为理解生生变化的世界的基本结构，在这一点上，张载与二程并无不同。两者之间显见的区别是，二程对生生不已的动力机制和动力根源的问题并无特别的强调。究其缘由，是因为二程的形上学有更简洁一贯的架构，无须单独凸显出"动力因"的问题。二程哲学广大深微，不可能在这样的短篇中做周详的呈现。出于论述展开的需要，这里仅做极简的概括：实然世界一切层面的存有皆由阴阳二气构成。由于任何层面的存有都是阴阳的统一体，所以不可能有纯阴纯阳和孤阴孤阳。因为纯阴纯阳或孤阴孤阳的出现，将意味着统一体的瓦解，或者说存有之存有性的失去。所有层面的阴阳二气的统一体都有维持自体之一的倾向。统一体内的阴阳两方面又都各自有维持自身同一的倾向。以任一统一体中阳的一面为例。

因无纯阳，阳中必涵阴。阳的方面以阳居主导，则必定消剥其内在属阴的要素。但不能消剥殆尽，否则又将成为纯阳。整个统一体的情形也是同样。朱子后来讲"太极"的"极"，说："至此更无去处"（《朱子语类》，第 2049 页），揭示的就是这一绝对的理则。"太极"是形上者，不是阴阳之外别有一个太极之体。大化流行的统体只是阴阳持恒的相互作用和转化，是恒常变化的自身同一。阴阳之所以必然相互作用是因为彼此互涵。阴阳之所以必然相互转化是因为"至此更无去处"的极则。过此极则，则阳或阴上长的倾向就会将对立的一方消剥净尽，成为纯阴纯阳、孤阴孤阳，从而瓦解恒常变化中持存的统一体。在这一简洁一贯的形上学架构里，对"动力因"的单独强调完全是多余的。

以张载与二程论学的深入程度，他不可能不了解二程哲学的致思路径和基本原则。究竟是什么样的思想关切驱迫他离开二程简洁一贯的思理结构，走上自己"苦心极力"的哲学建构的道路呢？

由于二程批评张载往往不直道其名，所以，有时需要细致地参比方能明确其具体所指。除对《正蒙》的哲学建构总体上持负面观点外，二程对张载关于天文现象的哲学解释也有含蓄的驳斥：

月于人为近，日远在外，故月受日光常在于外，人视其终初如钩之曲，及其中天也如半璧然。（《正蒙·参两篇》，《张载集》，第 11 页）

问："月有定魄，而日远于月，月受日光，以人所见为有盈亏，然否？"曰："**日月一也，岂有日高于月之理？** 月若无盈亏，何以成岁？盖月一分光则是魄亏一分也。"（《二程集》，第 237—238 页）

程颐所说的"日月一也，岂有日高于月之理"应该是针对张载的"日远在外"的理论而发的。这一分歧提示我们，双方对天文现象的哲学理解的不同，对于把握他们致思路径的不同或能提供重要的线索。

张载对与天文有关的自然现象（如七政运行、日食月食、寒暑、朔望、潮汐等）都有深入的思考。试图用自己"太虚即气""一物两体"的哲学体系给这些自然现象以合理的解释，恐怕正是其"处处置笔砚，得意即书""或中夜起坐，取烛以书"的思考的艰难所在。张载对有关现象的哲学思考不是泛泛而论，而是以当时天文学的理论和观测为基础的。这一点，在他对当时可观测天体的运行的解释中有充分的体现：

地纯阴凝聚于中，天浮阳运旋于外，此天地之常体也。恒星不动，纯系乎天，与浮阳运旋而不穷者也；日月五星逆天而行，并包乎地者也。地在气中，虽顺天左旋，其所系辰象随之，稍迟则反移徒而右尔，间有缓速不齐者，七政之性殊也。月阴精，反乎阳者也，故其右行最速；日为阳精，然其质本阴，故其右行虽缓，亦不纯系乎天，如恒星不动。金水附日前后进退而行者，其理精深，存乎物感可知矣。镇星地类，然根本五行，虽其行最缓，亦不纯系乎地也。火者亦阴质，为阳萃焉，然其气比日而微，故其迟倍日。惟木乃岁一盛衰，故岁历一辰。辰者，日月一交之次，有岁之象也。（《正蒙·参两篇》，《张载集》，第10—11页）

在张载的这类论述中，首先值得注意的是概念运用上的调整。在纯粹哲学性阐发的论述中，张载更多用虚实、动静、聚散、清浊等对立的概念，而很少用阴阳。但在解释天体运动时，就不能不回归当时天文学理论普遍运用的以阴阳为核心概念的话语系统。地纯阴居中，天"浮阳"包含运转于外。"浮阳"即纯阳。此下讲日月五星等七政，因并涵阴阳而有运旋的缓速不同。由此可知，天与"纯系乎天"的恒星都属纯阳，是左旋速度最快的，而且速度一致。恒星是纯阳之精，故能发光。地纯阴，本身不动，但"顺天左旋"。日月五星或"系乎天"，如日，由于日阳精而阴质，故其左旋速度慢于天和恒星；或"系乎地"，如镇星，相对于地和地上的观测者而言，在七政中运行速度是最慢的，但由于土根本五行，不完全从属于地，所以也有相对于地的运动。要特别强调的是，在张载看来，日月五星其实都是左旋的。但由于天和恒星左旋速度最快，以恒星为参照系，日月五星就显得是"逆天而行"了。张载这段论述中有两个参照系，一个是左旋最快的天和恒星，另一个是顺天左旋的地及地上的观测者。对于地上的观测者而言，地当然是不动的。因此，日月五星中左旋速度比地慢的，相对于恒星和地都是右行；比地左旋快的，则虽相对恒星是右行，对于地面的观测者而言，却是左旋。在这一段解释性论述中，张载试图以其创造性的阴阳五行理论统摄当时的天文观测知识。天文历法与风雨雷霆等当时无法精准量化的经验知识不同，已经有了相当细密的观测和计算系统，泛泛而谈的理论解释是没有说服力的。

恒星之间的相对位置对于地上的观测者而言是不变的，但随着季节的变化，恒星构成的天象的整体却是有规律地运转着的。对此，张载也在自己的理论框架内给出了相应的解释：

> 凡圜转之物，动必有机，既谓之机，则动非自外也。
> 古今谓天左旋，此直至粗之论尔，不考日月出没、恒星昏

晓之变。愚谓在天而运者，惟七曜而已。恒星所以为昼夜者，直以地气乘机左旋于中，故使恒星、河汉因北为南，日月因天隐见。太虚无体，则无以验其迁动于外也。（《正蒙·参两篇》，《张载集》，第 11 页）

"凡圜转之物，动必有机，既谓之机，则动非自外"是以常识理解天体运转。在日常经验里，凡是依圆形轨迹运动的，一定有所环绕的不动的枢轴。天与恒星既然左旋做圜转运动，也必有其环绕的枢轴。枢轴居圜转轨迹之中，所以说"动非自外"。将其理解为运动的内因，是根源于时代错置的误读。张载说"天左旋"是"至粗之论"，并非否定天左旋的理论，只是指出其解释和描述上的不精确。纯阴之地气居中，为天体环绕，同时顺天左旋。地之左旋亦是圜转运动，故有其圜转之机。地气左旋的枢轴虽然依从于天及恒星圜转的枢轴，但二者一定不是重合的。这一不相重合就造成了"恒星、河汉"因季节的不同而"因北为南"的情况。

日食、月食以及月的朔望是常见的天文现象，但给出合理的解释在那个时代却并不容易。月本身不发光，受日光而明，这在北宋时期已经不是什么新鲜的见解。张载持"月于人为近，日远在外"的看法，可以很好地解决日之所以有食的问题。因为日既远在月外，一旦为月所遮，即成日食之象。程颐"日月

一也，岂有日高于月之理"的质疑，在形上学的层面有其合理
处，却无法解释日、月有食及月有朔望这样常见的天文现象。
在二程那里，能否解释天体运行的规律及相关的天文现象根本
是无足轻重的问题。这种态度的差异是值得深思的。对月食的
解释，在张载亦是难题，因此而有阳精、阴质、阳位、阴精等
概念的提出：

> 月所位者阳，故受日之光，不受日之精，相望中弦则
> 光为之食，精之不可以二也。(《正蒙·参两篇》,《张载集》,
> 第 12 页)

日为阳精，却是阴质。因非纯阳，故相对于天及恒星右行（实
则是左旋稍慢）；因为阳精，故自身发光；因属阴质，故有固
定的形状。月是阴精，有固定的形体，自身不发光。"月所位者
阳"不知何据。很可能是从他对日月之形亘古不变的解释推论
出来的："阴阳之精互藏其宅，则各得其所安，故日月之形，万
古不变。"(《正蒙·参两篇》,《张载集》, 第 12 页)日月之形
恒常不变是当时一般的经验知识。在张载看来，其所以如此，
是因为"阴阳之精互藏其宅"。日为阳精，故宅于阴；月为阴
精，故宅于阳。宅于阳，即所位者阳。月不受日精，因此，始
终是不自身发光的。月之圆缺可以由其与日的位置关系得到解

释。从"受日之光"的表达看，张载应该没有月亮反射阳光的观念。月亮的圆缺取决于受日之光的偏和全。"相望中弦则光为之食"，是对月望（即满月）时出现月食现象的解释。按"精之不可以二"的解释，张载似乎是认为当日与月处在"相望中弦"的位置时，有可能出现"日之精"为月所受。一旦发生这种情况，月必定要吞食所受"日之光"以消抵偶然摄受的"日之精"，否则月就将同时具有阴精和阳精，"精"既为精，只能是一，不可能为二。

张载试图将自己的哲学思考与当时的天文历法知识及观测实践统一起来，给天体运行和天文现象以简洁一贯的理论解释。由于虚实、动静、聚散、清浊等两体概念不能有效地解释天体的运行以及相关的天文现象，张载不得不在相关的理论建构中沿用固有的阴阳概念。日月及五星的运行有迟速之不同，再加上月之晦朔弦望及日食、月食等天文现象，用固有阴阳动静的理论仍很难建立起足够简洁合理的模型。如果不以今天的天文学知识来衡量，而是置身到那个时代的经验观察和理论知识的背景下来理解，我们将发现张载的理论架构的独到。张载的创造性解释以两条结构性的认识为基础：其一，以天与恒星为纯阳，左旋且运行速度最快，地纯阴凝聚居中，本身不动，但"顺天左旋"或"乘机左旋"。《正蒙》的成稿经过了长时间的不断修改，所以，"顺天左旋"和"乘机左旋"两种说法的不同不可能是偶然的。在张载的结构中，天纯阳且左旋最速，地纯阴，本身不动，只是随顺天之左旋而有左旋的运转，这一点是确定无疑的。至于"乘机左旋"说，则是说天既作圜转运动，必有其枢轴，地之"顺天左旋"亦依附这一枢轴。当然，地的圜转之轴与天之枢轴并不完全重合，否则就不会有"恒星、河汉因北为南"的变化了。其二，地虽"顺天左旋"，作为观测者的人却无法觉察其运动。于是，在天文观测中便有了两个最重要的参照系：以天和恒星的左旋为参照，则日月五星都是右旋；以地上的观测者为参照，则七政既有左旋的也有右旋的。后者取决于其相对于地的左旋的迟速。日月五星各有其阴阳、五行之性，在与天地和彼此间复杂的交互作用中产生了左旋疾缓的不同。张载虽然没有具体地讨论日月五星运行的观测数据，但在其理论框架中，已包含了给出充分的、有说服力的解释的可能。以朱子之渊深周密，也称道《正蒙》"地纯阴，天浮阳""天左旋，处其中者顺之，少迟则反右矣"等，认为这些说法"说日月五星甚密"。

为统摄那个时代天文历法方面的经验知识，张载以"纯阴""浮阳""阴精""阳精"等概念建立起新的解释架构。在实然的世界里，纯阴、纯阳是真实存有的。这样一来，由周敦颐《太极图说》奠定、至二程而确立的简洁一贯的形上学体系就不再能为张载接受。在周、程的形上学建构中，阴阳必然是互涵的，进而可以推论出无纯阴纯阳、孤阴孤阳的结论。而张载统摄了天体运行和天文现象的宇宙观里，纯阴之地与纯阳之天是拟合天文观测经验的关键。这应该是张、程的哲学建构之所以走上不同路向的深层原因。船山《张子正蒙注》每以周子《太极图说》阐发《正蒙》中的论说，在天体运行理论上亦与张载不合，还是在根本上将张载哲学"洛学化"了。不明张、程殊路的深层原因，将关学"洛学化"就难以避免。

实然的世界既有纯阴纯阳之体，则彼此间的相互作用就不再是必然的了。阴阳之间的相互作用和转化是以阴阳互涵为基础的：阳作用于阴，则阴中必包含被阳改变的可能，也就是说阳的某种因素必不在阴之外，反之亦然。阴阳互涵为普遍的相互作用和感应确立了形上学的基础。这是周、程简洁一贯的哲学体系的宗旨所在。张载既立纯阳纯阴之体，就不得不为相互作用、感应的普遍性和必然性另立形上根源。这也是张载哲学中必须有发挥不测的鼓动作用的"神"的根本原因。对与"动力因"相关的问题的关切之所以会成为张载哲学的重要特征之一，根源亦在于此。

张载何以如此重视天体运行和天文现象的解释？《洛阳议论》中有一则对话，可以略见张、程教化学者的不同：

　　子厚言："关中学者，用礼渐成俗。"正叔言："自是关

中人刚劲敢为。"子厚言:"亦是自家规矩太宽。"(《二程集》,
第 114 页)

二程曾称道说:"子厚以礼教学者,最善,使学者先有所据守。"
(《二程集》,第 23 页)然而,在二程那里,这种教法的作用
只是使初学者"有所据守",并不能最终造就成德君子的完善
人格。《洛阳议论》是张载与二程最后一次见面的记录,双方
的分歧已充分显露。程颐将关中学者的"用礼渐成俗"归结为
地域性风气所致,似有不认同张载"以礼教学者"的意味,因
此,张载批评其"规矩太宽"。二程反对泥古,更强调礼的因
时损益。而且,对于外在塑造能否发挥真正的作用,二程也持
保留的态度:"今之学者,惟有义理以养其心。若威仪辞让以
养其体,文章物采以养其目,声音以养其耳,舞蹈以养其血
脉,皆所未备。"(《二程集》,第 21 页)二程没有将敦厚风
俗的希望寄托在古代礼乐的恢复上,也没有致力于复原古代的
礼乐。

北宋时期,儒家学者中有相当一部分人有复原古代礼乐的
信念和热情,这是频繁的乐律改制以及围绕乐改的种种争议的
根源。值得留意的是,与二程关联密切的胡瑗、司马光、范镇
等都是复原古乐的积极参与者和推动者。张载对于复原古代礼
乐也抱乐观的态度:"律吕有可求之理,德性深厚者必能知之。"

（《经学理窟·礼乐》，《张载集》，第 263 页）他曾经探讨过如
何制定古法律管的问题：

> 今尺长于古尺，尺度权衡之正必起于律。律本黄钟，
> 黄钟之声，以理亦可定。古法律管当实千有二百粒秬黍，
> 后人以羊头山黍用三等筛子透之，取中等者用，此特未为
> 定也。此尺只是器所定。更有因人而制，如言深衣之袂一
> 尺二寸，以古人之身，若止用一尺二寸，岂可运肘，即知
> 因身而定。羊头山老子说一秤二米秬黍，直是天气和，十
> 分丰熟。山上便有，山下亦或有之。(《经学理窟·礼乐》，
> 《张载集》，第 262—263 页)

由于尺度权衡是以律为基准的，所以，古法律管的确定是问题
的关键。天文历法与乐律之间亦有密切的关系。张载既有志于
以礼乐教化淳厚风俗，同时又有古乐可复的信念，其措意于天
体运行和天文现象的解释也就顺理成章了。

二程强调古今风气之别，认为古代礼乐既无法恢复也无须
恢复，个人之成德只能以"义理以养心"为根本，所以，其形
上学建构简洁一贯，径指价值和人心的确立。张载寄望于礼乐
教化对风俗的陶养，而若不在总体上复原古代的礼乐，则难以
敦当世之薄俗，因此不得不用心于天文律历，在尝试对天体运

行和天文现象做统贯的解释的同时，也改变了其形上学建构的基本路向。张载与二程之所以宗旨相近而取径殊途，其根本原因还是在对教化的不同理解上。

《气本与神化》定稿于 2008 年。十五年来，关于张载哲学理解的点滴深化，已零散地体现在我后来的系列相关写作中。然而，对于张载与二程的分歧及其背后的原因，却始终未能做系统和专门的研究。2020 年逢张载诞辰千年纪念，因重读张载、二程文集，整理了此前的相关思考。借此次本书再版的机会，补记积思偶得于书末。以困勉之资为穷理尽性之学，疏漏之处，读者正之。

2023 年 3 月